AF355015

Para comprender la Reforma Protestante

Un legado para nuestros días

**Eduardo Tatángelo
y Sergio Richaud**

Para comprender la Reforma protestante
UN LEGADO PARA NUESTROS DÍAS
© *Eduardo Tatángelo*
© *Sergio Richaud*

© 2017 Centro de Investigaciones y Publicaciones (CENIP) – Ediciones Puma

Hecho el Depósito Legal en la Biblioteca Nacional del Perú N° 2017-14936
ISBN N° 978-612-4252-22-8

Primera edición, noviembre 2017

Categoría: Historia de la iglesia

Editado por:
© 2017 Centro de Investigaciones y Publicaciones (CENIP) – Ediciones Puma
Av. 28 de Julio 314, Int. G, Jesús María, Lima
Telf./Fax: (511) 423–2772
Apartado postal: 11-168, Lima - Perú
E-mail: Administración: puma@cenip.org
           Perú: pedidos@edicionespuma.org
           Internacional: ventas@edicionespuma.org
Web: www.edicionespuma.org
Ediciones Puma es un programa del Centro de Investigaciones y Publicaciones (CENIP)

Diseño de carátula: Eliézer Castillo
Diagramación: Hansel James Huaynate Ventocilla

Reservados todos los derechos
All rights reserved
Prohibida la reproducción, almacenamiento o transmisión total o parcial de este libro por algún medio mecánico, electrónico, fotocopia, grabación u otro, sin autorización previa de los editores.

Contenido

Tercera parte
De la Reforma a las reformas

Cuarta parte
Lo nuevo de lo viejo

Prólogo

Un encuentro de historias

La celebración de los 500 años de la Reforma Protestante (1517-2017) ha dado lugar a una avalancha de libros, conferencias, conciertos musicales, foros académicos y nuevas investigaciones acerca de la controversial figura de Martín Lutero y del significado de su gesta reformadora para la iglesia y la sociedad. Sobresalen textos que, como el de Lynda Roper, *Martín Lutero: renegado y profeta*, se acercan a la figura del ex monje alemán con iluminadoras contribuciones provenientes de la psicohistoria; o el Thomas Kaufmann, *Lutero: vida, mundo y palabra*, que en escasas 136 páginas revela las paradojas del personaje y busca conciliar con ingenio sus perfiles de místico, revolucionario, político, escritor y teólogo apasionado. A esa ilustre lista de textos se suma ahora el escrito por los profesores y pastores argentinos Eduardo Tatángelo y Sergio Richaud. Este no es un libro más acerca de Lutero y los reformadores. Su diferencia consiste en que con audacia académica, sus autores han entrelazado tres enfoques diferentes que, por lo general, se suelen abordar por separado: histórico, teológico y pastoral. Esta es la novedad que tenemos entre manos y a la cual le doy entusiasta bienvenida.

En las tres primeras partes del libro, sus autores nos exponen, con lujo de detalles, el contexto histórico en el cual surgieron las reformas protestantes. No fue solo una reforma, ni tampoco un solo reformador (ni todos los protagonistas eran varones). Fueron historias que acontecieron hace cinco siglos en contextos diferentes a los nuestros. De allí que el libro nos ofrezca elementos críticos de sumo valor para comprender ese contexto histórico y explicar de qué manera providencial (porque el Dios de la historia ha estado siempre presente en ella) aquellas *protestas teológicas* ofrecieron *propuestas* integrales para las sociedades del siglo xvi. Tatángelo y Richaud saben que la historia no solo debe ser contada, sino también explicada e interpretada a la luz de sus circunstancias particulares. No de otra manera, la historia de ayer sirve como fermento de renovación para las situaciones de hoy.

El objetivo del libro es claro y de él dan fe cada una de sus páginas: no es un libro "…para discutir con expertos o un material en el que los especialistas puedan profundizar su conocimiento sobre los acontecimientos o el pensamiento de la Reforma. Busca, más bien, generar una comprensión vívida y sentida de lo que la Reforma puede significar como herencia histórica y teológica en América Latina, no sólo para nuestra generación, sino en los desafíos que presentará a la iglesia el futuro inmediato". Es, entonces, un libro que nos invita a un diálogo entre los personajes de ayer y los de hoy, entre la Europa de aquellos siglos y la América Latina de nuestro tiempo, entre esa Iglesia decadente y estas iglesias decaídas, aunque exitosas por su presencia mediática. En cada sección del libro hay una provocación a entablar el diálogo entre esas historias, la de aquella iglesia reformada y las nuestras en búsqueda de transformación.

En la parte final, y después de recorrer el escenario histórico, el libro se adentra en los temas teológicos, pastorales y espirituales más sustanciales de las reformas, pero aquí tampoco para que los lectores y lectoras nos detengamos en ellos como quien pasea por un museo de tesoros: mirando, observando, pero sin llevarse ninguno de ellos para la casa. No, en esta sección se abren los tesoros más ricos de las teologías reformadas para que sirvan de insumo transformador para las realidades teológicas y pastorales de hoy. Recuerden: los autores son pastores que conocen de primera mano las realidades de la fe y las luchas en las que nos debatimos los cristianos y cristianas de hoy. Ellos confiesan en sus palabras para qué puede ser útiles las reformas: "Pensamos que no basta leer la historia o conocer la teología; es necesario ponerlas en relación con nuestra propia historia, nuestras experiencias contemporáneas y la vivencia actual de la Palabra de Dios. Es decir, para que el proceso sea caudaloso en sugerencias, en inspiraciones, en evocaciones, en alternativas, es necesario iniciar un diálogo en el que la encarnadura de la historia, la rica trama del saber teológico de los reformadores y la comprensión de nuestros desafíos presentes nos ilumine, nos cuestione y nos inspire".

Hay una conocida frase de Martín Lutero que por estos días se refrenda sin descanso: *Ecclesia reformata semper reformanda est*, que no significa otra cosa que la iglesia que ha experimentado la reforma debe estar siempre en camino de seguirla experimentando. Porque la experiencia de Reforma no puede instalarse en un recuerdo del pasado, sino que debe ser un espíritu que caracterice a las iglesias de siempre. Y este libro llega en el momento más oportuno para emprender ese camino.

Como pastor y teólogo, también como servidor de *World Vision para América Latina*, una organización de protección de la niñez que trabaja con las iglesias ayudándolas a ser efectivas en su ministerio social, recibo este libro con sumo entusiasmo y lo recomiendo como fuente de información histórica, reflexión teológica e inspiración espiritual.

Harold Segura Carmona
World Vision International
Director de Relaciones Eclesiásticas para América Latina y el Caribe

Del fenómeno histórico
al desafío presente

Amigo lector, el trabajo que tiene en sus manos se formó a partir de humildes pretensiones y modestos objetivos. No se propone ser un trabajo erudito o extensamente fundamentado sobre la historia de la Reforma o su teología. Tampoco pretende aportar hipótesis o fuentes nuevas para comprenderla. No intenta alcanzar una originalidad explicativa que en un campo tan trajinado ya no parece posible. Tampoco es un libro para discutir con expertos o un material en el que los especialistas puedan profundizar su conocimiento sobre los acontecimientos o el pensamiento de la Reforma. Busca, más bien, generar una comprensión vívida y sentida de lo que la Reforma puede significar como herencia histórica y teológica en América Latina, no sólo para nuestra generación, sino en los desafíos que presentará a la iglesia el futuro inmediato.

Pero debe ser ésta una reflexión plural, no una discusión de historiadores o teólogos, sino que debemos aportar las herramientas de análisis mínimas para que reflexionen todos los cristianos comprometidos y no tan sólo los especialistas. Si así no fuera, los 500 años de la Reforma quedarán plasmados en una serie de efemérides y eventos organizados nada más que para entendidos. Por eso, el propósito de este libro es provocar el conocimiento y la comprensión más amplia y popular posible de un proceso histórico clave para la vida de la iglesia en la modernidad. Se trata, entonces, de un libro de divulgación, reflexión y debate personal y comunitario sobre las raíces de las tradiciones evangélicas y protestantes que conformaron las iglesias en las que hoy vivimos y misionamos. Porque la Reforma habla de nosotros, ahí está la clave: nos obliga a preguntarnos por nuestras prácticas e interpela y desafía nuestras elecciones ministeriales y teológicas. También contiene una reserva de sentido, propuestas, alternativas, problemas y preguntas que pueden iluminar los desafíos que enfrentamos en este tiempo y contexto, los nuestros, tan distintos de aquellos.

Hay muy buenos libros sobre la historia de la Reforma que describen con detalle su desarrollo. Asimismo, una gran cantidad de tratados han profundizado sobre las diversas teologías que surgieron a partir de ella. Por otro lado, son incontables los artículos de divulgación o académicos que abordan o la historia o el pensamiento reformado. En este trabajo, nos proponemos cruzar la historia y la teología de una manera profunda pero sencilla. En última instancia, la teología cristiana es la reflexión y la experiencia de la iglesia, de sus hombres y sus mujeres en un contexto acotado por un tiempo. Sin esas coordenadas (tiempo/espacio), el pensamiento cristiano se vuelve esotérico, incomprensible y anacrónico. La historia nos da el escenario en el que los seres humanos, sus ideas y decisiones pueden entenderse, así como la única posibilidad que tenemos para pensar y comprender la intervención de Dios en medio de los tiempos. Nos aporta una mirada sobre las diversas fuerzas que confluyen para que se desencadene un proceso o se dispare un acontecimiento, en el que (para un creyente) confluyen el designio de Dios y las elecciones de los seres humanos. La Reforma es un proceso que se inscribe en el tumultuoso relato de los comienzos de la modernidad. No fue sólo un acontecimiento religioso, sino que las profundas corrientes culturales, económicas y políticas de la Europa de finales del medioevo la atravesaron e influyeron con todas sus ondas. Por ello, es difícil tratar de entender la Reforma (y mucho más extraer preguntas valederas para nuestro tiempo) sin una idea al menos somera de la etapa histórica en la que se desenvolvieron los acontecimientos y vivieron sus protagonistas.

Pero es importante que, a la mirada histórica, la acompañe la reflexión sobre las ideas y los conceptos que animaron los procesos de cambio iniciados allí. Una historia que sólo midiera las causas concurrentes, el choque de fuerzas y el juego de las circunstancias, no lograría atrapar el cauce profundo de unas ideas que buscaban abrirse paso. En parte, el proceso histórico puede explicar el surgimiento de las ideas; pero, al mismo tiempo, estas últimas permiten comprender la orientación de un desarrollo, las elecciones de un grupo humano, el nacimiento de un movimiento. La teología cristiana de la Reforma es hija de su tiempo, pero también es madre, padre y partera de la iglesia y de los movimientos que nacieron en ella y la sobrevivieron durante siglos. Pero, también, las ideas de la Reforma nos ayudan a entender no sólo la iglesia, o la religión de su tiempo y del posterior, sino que son una clave más para comprender la modernidad de la que todos hemos llegado a formar parte. Las ideas teológicas pertenecen a un tiempo, eso está claro, pero no se agotan en él, no se lo deben todo al mundo que las vio nacer, sino que lo exceden, lo rebasan extendiendo su aporte y su interpelación a las generaciones subsiguientes. Se trata de un círculo de comprensión: la lectura histórica ilumina las ideas, y estas, a su vez, explican el sentido de los acontecimientos.

Pensamos que no basta leer la historia o conocer la teología; es necesario ponerlas en relación con nuestra propia historia, nuestras experiencias contemporáneas y la vivencia actual de la Palabra de Dios. Es decir: para que el proceso sea caudaloso en sugerencias, en inspiraciones, en evocaciones, en alternativas, es necesario iniciar un diálogo en el que la encarnadura de la historia, la rica trama del saber teológico de los reformadores y la comprensión de nuestros desafíos presentes nos ilumine, nos cuestione y nos inspire. Unir esas tres dimensiones de la reflexión sobre la Reforma, es el objetivo de este trabajo. Hacerlo accesible para todo lector interesado, es el desafío que nos planteamos. Queremos colaborar en hacer conocer la historia, comprender los aportes teológicos nacidos en este extraordinario proceso y hacer las preguntas que surgen de nuestro contexto moderno y latinoamericano. Que resulte útil este libro para alentar la reflexión e iluminar la práctica de la fe, siempre nueva y siempre aferrada a sus raíces, es casi un sueño.

Este trabajo está dividido en cuatro partes. En la primera se describen algunos aspectos de la sociedad en la que la Reforma surgió y se desarrolló. Se analizan las dimensiones de una sociedad en transformación, desde la última parte de lo que se da en denominar *el medioevo* hasta los inicios de la *modernidad.* Se estudian en especial los procesos y fenómenos históricos que sirven para comprender el sentido de los cambios aportados por los reformadores. En la segunda parte, se analizan las principales causas que los historiadores han estudiado para comprender el nacimiento de la Reforma y su desarrollo. Se parte de la base de que un fenómeno tan complejo como este no puede remitirse a una sola causa o a razones meramente religiosas o espirituales. En la tercera parte, nos introducimos en la descripción de las diversas corrientes que conformaron el multifacético proceso reformador, tratando de dar cuenta de sus principales exponentes, ideas y prácticas. Finalmente, en la última parte, desarrollamos algunos de los temas teológicos, pastorales y espirituales que resultaron centrales a la propuesta de los reformadores. En cada capítulo tratamos de citar fuentes históricas para reponer la voz de los verdaderos protagonistas. Se incluyen citas bíblicas para mantener viva una relación que para los protagonistas fue clave entre historia humana y Palabra de Dios. Unas breves preguntas al final de cada una de las secciones que conforman los capítulos están dirigidas a promover reflexiones contemporáneas sobre las temáticas suscitadas en aquel momento histórico, pero como desafíos y problemas aún vigentes. Al final del libro, a modo de apéndice, el lector encontrará un índice biográfico de algunos protagonistas de la Reforma mencionados en esta obra, un glosario de conceptos y un resumen de frases célebres de algunos reformadores. Para facilitar el acceso del lector no especializado, hemos evitado el citado directo de obras o fuentes. Al final de la obra se ofrece una bibliografía básica de los temas tratados para orientar la profundización de las cuestiones abordadas. Esperamos que este trabajo no sólo informe y recuerde, sino que también ayude a reflexionar y desafíe el presente desde una mirada sobre nuestro pasado común.

Primera parte

El escenario de la historia

> *que las autoridades civiles los dejaran en el error,*
> *mejor que inducirles a mentir y a decir cosas distintas de las que piensan,*
> *puesto que no está permitido combatir el mal con sistemas aún peores.*
> *Es la Palabra de Dios la que tiene que llevar la batalla.*
> *Si ella no obtiene nada, el poder temporal conseguirá aún menos,*
> *aunque bañara al mundo en sangre.*
> *La herejía es un fenómeno de orden espiritual.*
> *No se la puede atacar por el hierro, quemarla con el fuego,*
> *ahogarla en el agua.*

—Martín Lutero

Lo primero que tenemos que explorar para comprender la Reforma es el escenario sobre el cual se desarrolló. Pensemos primero en el espacio geográfico. Nos encontramos, entonces, con la Europa occidental y dentro de ella, especialmente con los Estados o naciones del norte europeo. Si pensamos en el escenario temporal, la Reforma sucede a finales de la Edad Media, una etapa de fuertes transformaciones sociales y culturales. En esta primera parte, vamos a explorar brevemente este escenario espacio-temporal. Primero describiremos el complejo contexto político que caracteriza al tardo medioevo europeo. Nos llamará la atención el nivel de fragmentación y de superposición de formas estatales y de gobierno. También trataremos de mirar los procesos de cambio que estaban generando una transición hacia un nuevo orden político y económico. En el marco de esos cambios lentos pero seguros, nos detendremos a considerar un acontecimiento clave, generado en parte por un Estado naciente: el español. Nos referimos al descubrimiento de América, como uno de los hitos que marcan el paso de lo medieval a lo moderno. Luego consideraremos los desarrollos menos constatables o discernibles en el corto plazo, como lo son los cambios en la cultura. Pero podremos comprobar —a pesar de los ocultamientos que provoca lo contemporáneo, también en su propio tiempo— que el Renacimiento y el humanismo fueron percibidos como fenómenos de alto impacto social. Aquí trataremos de describir las mutuas influencias entre la Reforma y estos fenómenos que experimentó la cultura europea. Llegado a ese punto, nos detendremos a considerar que los acontecimientos que consideramos bajo la etiqueta "Reforma" no fueron sucesos imprevistos y aislados, sino transformaciones emergentes de un conjunto de experiencias reformadoras que la iglesia vivenció casi desde sus inicios. Luego del rico proceso que vivió la iglesia en la Edad Media, rescatamos con más detalle una descripción de la escolástica, que fue a la vez una escuela y un método teológico. Importa ocuparnos de ella tanto para entender contra qué reaccionaron los teólogos protestantes, como algunos de los métodos que usaron, dado que no pudieron escapar a su influjo. El capítulo "Una sociedad de diferentes" explora algunas de las dimensiones de la sociedad europea de la época. ¿Cómo vivían las personas comunes y corrientes? ¿Y las clases dirigentes? Las respuestas a esas preguntas, también nos ayudarán a entender la Reforma. Cerramos esta primera parte volviendo al escenario de la experiencia religiosa; en especial, a algunas de las ideologías dominantes articuladas desde la iglesia oficial de aquel tiempo. Habremos cubierto así un panorama sencillo, pero suficientemente descriptivo de la sociedad en la que la Reforma nació y se desarrolló. Estos escenarios explican en parte el derrotero que tomó el proceso reformador. Vamos a explorar estas guías de ruta.

Capítulo 1

Una de papas, emperadores y monjes

Jesús los llamó y les dijo: Como ustedes saben,
los gobernantes de las naciones oprimen a los súbditos,
y los altos oficiales abusan de su autoridad.
Pero entre ustedes no debe ser así.
Al contrario, el que quiera hacerse grande entre ustedes
deberá ser su servidor.

—Mateo 20.25–26

Si en alguna provincia ves que se oprime al pobre,
y que a la gente se le niega un juicio justo, no te asombres de tales cosas;
porque a un alto oficial lo vigila otro más alto,
y por encima de ellos hay otros altos oficiales.

—Eclesiastés 5.8

Tratar de comprender la Reforma protestante es un desafío realmente importante, pues para hacerlo, debemos ser capaces de entender —al menos parcialmente— un mundo muy diverso del que nosotros habitamos. La última parte de la Edad Media, también llamada por los historiadores "Baja Edad Media" constituye un sistema político, económico, social y cultural de una notable complejidad, muy alejado de las formas de vida y organización social que conocemos en la actualidad. En los capítulos sucesivos trataremos de desplegar las distintas dimensiones de la sociedad en que fue alumbrada la Reforma:

sirva éste como un pantallazo general de su fascinante escenario político-territorial.

Si comenzamos por el campo de la política, lo primero que debemos señalar es que en la época a la que nos referimos, no hay una esfera independiente a la que podamos llamar "política". La vida política está estrechamente unida al campo de lo religioso, a la vida de la iglesia y su jerarquía. De hecho, la iglesia había sido durante la Edad Media el único lazo de unión, la única amalgama entre reinos, principados y señoríos en permanente rivalidad y fragmentación. Precisamente, hacia el siglo xvi, nos encontramos con una Europa que lentamente va juntando los pedazos de la fragmentación medieval que siguió al derrumbe del Imperio romano en el siglo v y que la caracterizó durante todo el medioevo. A fines del siglo xv, algunos Estados se crean y consolidan por la unificación de principados o señoríos, como sucede en la península ibérica. En otros, que ya existían como monarquías desde siglos atrás, los reyes consiguen paulatinamente más poder sobre la nobleza, consolidando un creciente gobierno centralizado (así Inglaterra y Francia). Se desarrollan los primeros ejércitos nacionales y la burocracia estatal, y aparecen las capitales con su vida cortesana.

El principal Estado de la época, el Sacro Imperio Romano Germánico (del que formaba parte la Alemania de Lutero), era en realidad un enorme paraguas político donde convivían diversas formas subestatales: principados, reinos, ciudades libres, principados eclesiásticos, territorios bajo autoridad papal, etc., de modo que la fragmentación político-territorial caracteriza a la Europa tardomedieval. El ejemplo más claro de este entramado lo constituye la península itálica, donde las principales ciudades son en esta época repúblicas o reinos independientes más o menos sometidos o en alianza con los demás poderes europeos. Sobre este variopinto rompecabezas, se extendía la estructura espiritual y temporal de la iglesia. Temporal, porque gobernaba territorios en Italia y mantenía alianzas político-militares dominando extensas tierras en otras partes de Europa a través de diversas instituciones eclesiásticas (como los monasterios). Espiritual, porque Europa era cristiana —por lo menos, formalmente— desde hacía diez siglos y la iglesia había consolidado un poder hegemónico sobre las conciencias religiosas. En cuestiones eclesiásticas y de fe, era indiscutible el primado del papa y de Roma sobre toda la cristiandad occidental.

Pero la Europa cristiana también era un espacio geopolítico cercado y en competencia con otros poderes. El Mediterráneo había sido desde el siglo VII un escenario de disputas con el mundo islámico. Las conquistas árabes habían avanzado desde el norte de África adentrándose en la península Ibérica y en la Itálica. Por el este, el Imperio cristiano oriental con capital en Constantinopla (actual Turquía) había sufrido un asedio de siglos que terminó en su derrumbe definitivo en 1453, a manos de los turcos otomanos. Pero estas victorias musulmanas en el oriente —que llegarán incluso a poner en peligro a la mismísima Viena durante los años de la Reforma— tuvieron su contrapartida en Occidente, donde los musulmanes serán paulatinamente expulsados de Sicilia (1072) y España (1492); reconquistas que quedarán consolidadas con la decisiva victoria de Lepanto (1571), la cual volvería a convertir el Mediterráneo en un mar "cristiano".

Hacia el siglo XV y XVI, Europa estaba experimentando una serie de fenómenos que impactaron sobre su vida política, económica y social. Las naciones europeas comenzaron a salir de su encierro medieval mediante los viajes de exploración marítimos que llevarían a los portugueses hasta la India, y a los españoles a las costas americanas, aún inexploradas por ningún europeo. En el plano político interno, se produce un retroceso de la fragmentación política que llevó a la formación de Estados más fuertes y centralizados, en detrimento de la nobleza rural. Se formaron así las grandes cortes, se consolidaron las capitales y los reyes obtuvieron un poder cada vez más importante sobre la nobleza. De la mano de estos cambios, se desarrolló un incipiente sentimiento "nacional"; si bien las naciones como hoy las conocemos aún no existían, los "alemanes" o los "italianos" (sin saber muy bien cuáles podían ser sus fronteras) empezaron a sentirse parte de un proyecto común.

Sólo nos resta discurrir sobre los principados eclesiásticos, respecto a los cuales todas las dificultades existen antes de poseerlos, pues se adquieren o por valor o por suerte, y se conservan sin el uno ni la otra, dado que se apoyan en antiguas instituciones religiosas que son tan potentes y de tal calidad, que mantienen a sus príncipes en el poder sea cual fuere el modo en que éstos procedan y vivan. Éstos son los únicos que tienen Estados y no los defienden; súbditos, y no los gobiernan. Y los Estados, a pesar de hallarse indefensos, no les son arrebatados, y los súbditos, a pesar de carecer de gobierno, no se preocupan, ni piensan, ni podrán sustraerse a su soberanía. Son, por consiguiente, los únicos principados seguros y felices. Pero como están regidos por leyes superiores, inasequibles a la mente humana, y como han sido inspirados por el Señor, sería oficio de hombre presuntuoso y temerario el pretender hablar de ellos. (*Nicolás Maquiavelo* [1513])

Cómo influyó el contexto político en el desarrollo de la Reforma

La fragmentación política generó disputas de intereses entre estos distintos poderes en lucha, donde aparecieron distanciamientos y fisuras en las se crearon espacios para romper la hegemonía religiosa del papado. Si el Emperador Carlos v, por ejemplo, hubiera tenido el poder político para intervenir de manera directa sobre los territorios alemanes, probablemente Lutero y otros reformadores hubieran sido quemados como herejes y la Reforma se hubiera frustrado. Pero las tensiones políticas entre el Imperio y sus súbditos más encumbrados abrieron una oportunidad inédita.

La lucha del papado por mantener su poder temporal como un gobernante secular, como árbitro de Europa, utilizando al mismo tiempo su influencia espiritual para alcanzar sus metas políticas, también es un elemento político para considerar. La presión religiosa, política y económica del papado sobre muchos monarcas le había ganado el recelo de éstos, muchos de los cuales buscaban oportunidades para cambiar la relación de fuerzas. El caso más notable, en este sentido, será el proceso reformador en Inglaterra liderado por la misma corona a partir de la ruptura de Enrique VIII con el papado.

Ciertas estructuras políticas que se habían desarrollado lentamente (y que en esta época alcanzaron madurez) también favorecieron el desarrollo reformador. Tomemos como ejemplo las grandes ciudades europeas, gobernadas por una burguesía artesana y comerciante en ascenso. Estos nuevos grupos sociales peleaban hacía siglos con la nobleza por un lugar político bajo el sol, por autonomía para sus ciudades y por libertades ciudadanas por fuera de las relaciones de vasallaje feudales. Fueron en muchas de esas ciudades —con sus consolidadas libertades— donde se afincó la primera Reforma, a salvo de los poderes de la iglesia y de los monarcas dispuestos a restaurar el orden medieval. Así, el desarrollo de la Reforma tuvo una dimensión política que explica por qué, en esa época y no antes, triunfó un movimiento de reforma religiosa donde otros habían sido aplastados en el pasado. Finalmente, un incipiente nacionalismo (al menos regional) permitió anteponer los intereses de la población local o de un reino a los proyectos globalizantes del papa o del Imperio romano-germánico.

Preguntas para reflexionar en comunidad

✓ ¿Qué relación guarda nuestra fe con los procesos políticos y sociales que viven nuestras sociedades?

✓ ¿De qué modo esos procesos políticos impactan sobre lo que creemos y practicamos?

✓ ¿Qué oportunidades para la práctica del evangelio aparecen en las crisis que viven nuestros países?

✓ ¿Cómo podemos enriquecer nuestra mirada cristiana sobre las realidades políticas y sociales?

✓ ¿Cómo podemos incidir como iglesia en los procesos políticos de América Latina para promover la paz y la justicia?

Capítulo 2

La modernidad está por llegar: Colón mira más allá

> *¿Has viajado hasta las fuentes del océano,*
> *o recorrido los rincones del abismo?*
> *¿Te han mostrado los umbrales de la muerte?*
> *¿Has visto las puertas de la región tenebrosa?*
> *¿Tienes idea de cuán ancha es la tierra?*
> *Si de veras sabes todo esto, ¡dalo a conocer!*
>
> —Job 38.16–18

> *Concluyendo, dice el Almirante*
> *que bien dijeron los sacros teólogos y los sabios filósofos*
> *que el Paraíso Terrenal está en el fin de Oriente,*
> *porque es lugar temperadísimo.*
> *Así que aquellas tierras que había descubierto —dice él—*
> *es el fin de Oriente.*
>
> —Cristóbal Colón. *Diarios de viaje*

La Reforma fue un proceso histórico dentro de otro más vasto: la modernidad. Cuando ampliamos la perspectiva histórica, podemos colocar a la Reforma en ese contexto de larga duración y entenderla mejor. Sin embargo, no es fácil definir con claridad y sencillez qué fue o qué es la modernidad. Aun así, trataremos de destacar los elementos clave para comprender su relación con el tema que nos ocupa. No es posible señalar una fecha para el inicio de la modernidad, pues ésta es un proceso cargado de lentas transformaciones y no una mera sucesión de acontecimientos. Si recurrimos a los manuales, encontramos que se ha hecho habitual marcar su comienzo a partir de la caída de Constantinopla en 1453; esto se explica por el hecho de que el Imperio cristiano oriental —sobreviviente a la caída del occidental en 476 d. C.— sirvió como una especie de "cronómetro paralelo" de la historia medieval. Pero si esas fechas sirven para ordenar una cronología, otros procesos que no pueden ligarse a una fecha puntual explican mejor las transformaciones que afectaron las concepciones culturales, políticas, económicas y religiosas en esta época.

En este capítulo, queremos considerar un proceso que comenzó con un acontecimiento y que es quizás el de mayor impacto en la historia del cristianismo en la modernidad: la llegada de los españoles a América, liderados por Cristóbal Colón (1492). El proceso de exploración y conquista que se inició con ese acontecimiento impactó profundamente en todos los aspectos de la vida y la cultura europea. Rompió de una vez la concepción medieval del mundo y generó nuevos desafíos teológicos y filosóficos. En la conciencia religiosa del cristianismo europeo, la aparición en escena de una realidad tan diversa a la conocida hasta ese momento produjo una verdadera revolución. ¿Cómo comprender a esas nuevas tierras y seres humanos en el marco del cristianismo medieval? En primer lugar, ¿debían ser los habitantes de América considerados humanos? ¿En qué modo estaban incluidos en la cosmovisión bíblica y el mensaje de la cristiandad? ¿Qué derechos y obligaciones tenían los monarcas europeos con ellos? Aunque ahora nos parezca extraño, esas preguntas fueron las que desvelaron el sueño de los teólogos de las grandes y prestigiosas universidades europeas. Y son una muestra de las dificultades que las cosmovisiones existentes tenían para incorporar esas nuevas realidades humanas a su comprensión del mundo.

> Cuando nos fueron concedidas por la Santa Sede Apostólica las Islas y Tierra Firme del mar Océano, descubiertas y por descubrir, como así se lo suplicamos al Papa Alejandro VI, de dichosa memoria, que nos lo concedió, nuestra principal

intención fue procurar inducir y traer a los pueblos de allá y
convertirlos a nuestra fe católica, y enviar a las dichas Islas y
Tierra Firme prelados, y religiosos, y clérigos y otras personas
doctas y temerosas de Dios, instruir a los vecinos y moradores
de ellas en la fe católica, y enseñarles y adoctrinarles en las
buenas costumbres, y poner en ello la diligencia debida, según
en las letras de la dicha concesión se contiene, por tanto suplico
al rey mi señor, muy afectuosamente, y encargo y mando a la
princesa Juana, mi hija, y al príncipe Felipe, su marido, que
así lo hagan y cumplan, y que este sea su principal fin, y que
en ello pongan mucha diligencia, y que no consientan ni den
lugar a que los indios, vecinos y moradores de las dichas Indias
y Tierra Firme, ganadas y por ganar, reciban agravio alguno
ni en su persona ni en sus bienes, sino que manden que sean
bien y justamente tratados, y si algún agravio han recibido,
lo remedien y provean por manera que no se exceda en cosa
alguna lo que por las letras apostólicas de la dicha concesión
nos es mandado. (Isabel i de Castilla. *Testamento* [1504])

De una parte, los europeos vieron a los pueblos originarios como
la prueba palpable del Paraíso Terrenal descrito en el Génesis.
Idealizaron ese mundo lleno de olores y sabores nuevos y de paisajes
ignotos: una tierra poblada por personas viviendo en la edad de la
inocencia. Parecía una versión medieval de "La Biblia tenía razón".
Pero, por otra parte, las concepciones medievales sobre el pecado, el
diablo y la idolatría alentaron otras miradas. Las nuevas tierras, lejos
de ser el Edén en tiempo real, eran también el reservorio del diablo,
de un mundo pagano ya extirpado de Europa. Un mundo atravesado
de prácticas repulsivamente incomprensibles para el etnocentrismo
europeo. La Reconquista española, que se llevó a cabo para expulsar
a "los moros" —llamados infieles— permitió proyectar los ejes de
ese combate a muerte por la pureza doctrinal sobre un nuevo telón
de fondo, con consecuencias nefastas.

Pero ese análisis teológico no se realizaba en un vacío teórico,
pues la incorporación de estas tierras y poblaciones generó

—entre otros impactos— la primera globalización del capitalismo mercantil, transformando profundamente las relaciones sociales imperantes hasta ese momento en el mundo. Las potencias europeas desarrollaron pronto un sistema de poder y comercio mundial que terminó de minar el sistema de producción feudal dominante en Europa. El desarrollo de la explotación en masa de los pueblos originarios en América y el inicio de la esclavitud a gran escala de los pueblos africanos se convirtieron en las nuevas realidades lacerantes. Estos nuevos contextos no fueron ajenos a los debates en torno a la Reforma. Si bien las primeras potencias en colonizar América fueron las católicas, pronto las naciones que abrazaron la Reforma se sumaron al proceso e incluso aventajaron a las que habían sido pioneras. De manera que, tanto para católicos como para protestantes, América se convirtió en una especie de "piedra de toque" para sus creencias y sus prácticas cristianas.

Por un lado, para las naciones europeas, las nuevas tierras se convirtieron en una fuente de riquezas inagotables. Por otro, las poblaciones originarias se consideraron desde un principio un desafío misionológico, un campo virgen abierto a la evangelización. Pero ambos objetivos —enriquecerse de modo rápido y llevar el evangelio— se volvieron incompatiblemente contradictorios. Las empresas comerciales, por lo general, ejercieron una evangelización superficial, opresiva y violenta. Asimismo, el escándalo de la evangelización ejercida con la espada generó la reacción de movimientos profundamente cristianos (tanto católicos como protestantes) que intentaron con distinta suerte cambiar el sino de un proceso que había comenzado con mal pie.

El papa dona América

Alejandro Obispo, Siervo de los Siervos de Dios: A los ilustres carísimo hijo en Cristo Fernando Rey y carísima en Cristo hija Isabel Reina de Castilla, León, Aragón, Sicilia y Granada, salud y apostólica bendición. Hemos sabido ciertamente, como vosotros, que desde hace tiempo os habíais propuesto buscar y descubrir algunas islas y tierras firmes remotas y desconocidas, no descubiertas hasta ahora por nadie, con el fin de reducir sus habitantes y moradores al culto de nuestro Redentor y a la profesión de la fe católica, ocupados hasta hoy en la Reconquista del Reino de Granada, no pudisteis llevar al deseado fin, tan santo y loable propósito vuestro. Mas, reconquistada por fin el predicho Reino por voluntad divina, y queriendo poner en ejecución vuestro propósito, designasteis al caro hijo Cristóbal Colón, hombre apto y muy conveniente a tan gran negocio y digno de ser tenido en mucho, no sin grandes trabajos, peligros y gastos para que nos navíos y hombres aptos y preparados a tal empresa, buscase las tierras firmes e islas remotas y desconocidas, por el mar donde hasta ahora no se había navegado: quiénes con el auxilio divino, navegando por el Mar Océano han descubierto ciertas islas remotísimas y además tierras firmes, jamás halladas hasta ahora por nadie; en las cuales habitan muchas gentes, que pacíficamente viven, y que según se dice andan desnudos y no comen carne; a lo que vuestros enviados antedichos pueden conjeturar, las tales gentes, habitantes de las antedichas islas y tierras, creen en un Dios Creador que está en los Cielos…

…Y para que más libre y valerosamente aceptéis el encargo de tan fundamental empresa, concedido liberalmente por la Gracia Apostólica 'motu proprio', y no a instancia vuestra ni de otro que Nos lo haya sobre esto pedido por vosotros, sino por nuestra mera liberalidad, de ciencia cierta y con la plenitud de nuestra potestad apostólica, por la autoridad de Dios Omnipotente concedida a Nos en San Pedro, y del Vicario de Jesucristo que representamos en la tierra, a vosotros y a vuestros herederos y sucesores los Reyes de Castilla y León, para siempre según el tenor de las presentes, donamos, concedemos y asignamos, todas las islas y tierras firmes descubiertas y por descubrir, halladas y por hallar hacia el Occidente y Mediodía… (*Bula Inter Caetera del Papa Alejandro* VI [1493]).

¿Cómo impactó sobre la Reforma el llamado "Descubrimiento de América"?

De manera indirecta, fue generando las condiciones para quebrar los modelos cosmológicos vigentes durante el feudalismo. De ese modo, contribuyó a crear condiciones para la difusión de nuevas ideas y nuevos paradigmas teológicos y filosóficos. Asimismo, aceleró los cambios de la modernidad, ampliando la repercusión que podrían tener las ideas reformadas. En los primeros siglos de la Reforma, se convirtió en un tema de la polémica catolicismo-protestantismo, dado que los polemistas protestantes muchas veces usaron la llamada "leyenda negra" de la colonización para acusar a sus adversarios de los crímenes horrendos que se produjeron durante la conquista y colonización del Nuevo Mundo, aunque, como se señaló, las potencias protestantes rivalizaron con las católicas en sus políticas de explotación colonial. A mediano plazo, abrió un nuevo escenario para la acción evangelizadora; también ofreció un horizonte insospechado para que las minorías religiosas perseguidas en Europa durante las guerras de religión posteriores a la Reforma encontraran espacios nuevos donde desarrollar su fe.

Preguntas para reflexionar en comunidad

✓ ¿Cómo lidiar con lo culturalmente diverso?

✓ ¿De qué modo sería posible pensar en un cristianismo desplegado sobre una infinidad de culturas con sus propias improntas?

✓ ¿Hemos reflexionado sobre el carácter cultural de nuestras prácticas cristianas?

✓ ¿Qué elementos de nuestra fe y práctica son ajenos a la cultura popular de nuestros pueblos?

✓ ¿Dónde nuestro cristianismo aparece en un sano diálogo con la cultura circundante?

✓ ¿De qué modo nuestro cristianismo se ha vuelto más latinoamericano?

Capítulo 3

Lo humano renace con el Renacimiento

*Moisés les dijo a los israelitas: "Tomen en cuenta que el Señor ha escogido
expresamente a Bezalel, hijo de Uri y nieto de Jur, de la tribu de Judá,
y lo ha llenado del Espíritu de Dios, de sabiduría, inteligencia
y capacidad creativa para hacer trabajos artísticos en oro, plata y bronce,
para cortar y engastar piedras preciosas, para hacer tallados en madera
y realizar toda clase de diseños artísticos y artesanías.
Dios les ha dado a él y a Aholiab hijo de Ajisamac, de la tribu de Dan,
la habilidad de enseñar a otros. Los ha llenado de gran sabiduría
para realizar toda clase de artesanías, diseños
y recamados en lana púrpura, carmesí y escarlata, y lino.
Son expertos tejedores y hábiles artesanos en toda clase de labores y diseños".*

—Éxodo 35.30–35

*Nunca he renegado de la Iglesia Católica,
sé que en esta iglesia que ustedes llaman papista, hay muchas cosas
que no me gustan, pero veo cosas semejantes en vuestra iglesia.
Uno soporta con más facilidad las faltas a las que está acostumbrado.
Por tanto, yo soporto esta iglesia hasta que encuentre otra mejor,
y ella a su vez estará obligada a soportarme a mí,
hasta que yo mismo me vuelva mejor. Y no navega mal
aquel que pasa a igual distancia entre dos males diferentes.*

—Erasmo de Rotterdam. *Cartas*

En diciembre de 1576, salía de los calabozos de la Santa
Inquisición el catedrático de Salamanca Fray Luis de León.

Había sido encarcelado en febrero de 1572, acusado de diversos "crímenes". Traducir el texto del *Cantar de los Cantares*, y expresar críticas al texto de la Biblia en latín conocido como *La Vulgata*, de San Jerónimo, habían sido algunas de sus "fechorías". Destacado teólogo y poeta, Fray Luis era esencialmente un místico amante de la Biblia y de la vida retirada. Su legendaria brevedad en el hablar y su piedad cristiana quedaron inmortalizadas con la frase con la que retomó las clases en la universidad, después del atroz trato de varios años en las mazmorras del Santo Oficio: Al introducir su clase sólo atinó a decir: "Como decíamos ayer…". Luis de León es representativo de un proceso amplio, rico y complejo que se produjo en casi toda Europa a partir del siglo xiv y que se consolidó en el xvi. Se trata del desarrollo de dos movimientos sociales y culturales estrechamente emparentados: el Renacimiento y el humanismo.

Le debemos al arquitecto, escritor y pintor italiano Giorgio Vasari (1511–1574), la palabra Renacimiento (*rinascita*). Es este uno de esos casos en los que una persona es llamada por la providencia a ser protagonista e historiador de su propio tiempo. Apasionado admirador de Leonardo da Vinci, y habiendo estudiado él mismo con algunos de los más grandes artistas de la época, se convirtió en uno de los destacados representantes de la revolución artística que se estaba produciendo entre el siglo xiv y el xvi. Con su libro *Vidas…*, de 1568, intentó explicar las técnicas y los motivos de los creadores que por medio de su arte estaban transformado la manera de imaginar el mundo, verlo y vivirlo. Este movimiento artístico y cultural se inició en el siglo xiv, pero llegó a su apogeo durante el siglo xvi; es decir, de manera sincrónica con los acontecimientos centrales de la Reforma. El Renacimiento y el humanismo buscaban superar el teocentrismo, el clericalismo y el enfoque en el más allá típico del cristianismo de la Edad Media para volver a colocar lo humano y este mundo en el centro de las preocupaciones del arte y la literatura. Se renovaba con ellos la curiosidad científica, el lugar para el cuerpo, lo sensorial, las formas de la naturaleza, la libertad para pensar, la crítica, la ciencia.

Preguntas de amor

Si pan es lo que vemos, ¿cómo dura,
    sin que comiendo de él se nos acabe?
    Si Dios, ¿cómo en el gusto a pan nos sabe?
    ¿Cómo de sólo pan tiene figura?

Si pan, ¿cómo le adora la criatura?
    Si Dios, ¿cómo en tan chico espacio cabe?
    Si pan, ¿cómo por ciencia no sabe?
    Si Dios, ¿cómo le come su hechura?

Si pan, ¿cómo nos harta siendo poco?
    Si Dios, ¿cómo puede ser partido?
    Si pan, ¿cómo en el alma hace tanto?

Si Dios, ¿cómo le miro y le toco?
    Si pan, ¿cómo del cielo ha descendido?
    Si Dios, ¿cómo no muero yo de espanto?

Fray Luis de León (1527–1591)

Buscaban ambos —Renacimiento y humanismo— su inspiración en el pasado clásico precristiano de Grecia y Roma, considerado un ideal artístico y cultural del que se había retrocedido al oscurantismo medieval generado por la iglesia. La enseñanza de los clásicos fue revalorizada, así como el significado de los procesos formativos en todas las áreas del saber. Por ello, una de las notas distintivas de los humanistas fue el sentido crítico de las instituciones y la separación entre la vida cívica y las normas religiosas, para así poder generar un espacio separado de la iglesia donde se pudiera pensar y crear sin tener que someterse a sus dogmas e inquisiciones.

El arte pictórico, escultórico y arquitectónico floreció en Italia recuperando y renovando las formas clásicas. Se volvió a colocar la figura humana en el centro de la escena, casi de una manera simbólica del proceso social que se vivía, en el que el ser humano tornaba a ser la medida de todas las cosas. Las pinturas de temas religiosos siguieron vigentes, pero los artistas se atrevieron a retratar otros temas y la naturaleza comenzó a ser presentada en toda la crudeza de su realidad. Los artistas de este periodo fueron literalmente miles; nos quedan en la memoria solo los nombres más legendarios: Leonardo da Vinci, Miguel Ángel, Rafael Sanzio, el mencionado Vasari, Andrea del Sarto, Caravaggio, Botticelli. En la literatura, apareció la novela como un nuevo y transgresor modo de contar la vida en este mundo y sus pasiones. Cervantes, Boccaccio, Rabelais, son algunos de los creadores de una nueva manera de decir la vida humana. Se renovó la poesía con la monumental obra de Petrarca y del Dante, además de los trabajos de Pietro Bembo, Garcilaso de la Vega, y Camoens. La poesía mística alcanzó su cenit en este periodo con Fray Luis de León, Teresa de Jesús, San Juan de la Cruz. El teatro repiensa sus formas y sus motivos atreviéndose a reflejar ese mundo en transición y crisis (Shakespeare) a partir de los cambios de paradigma que se vivían. Aparece la literatura picaresca para reírse también de la religión y de las convenciones sociales (*El lazarillo de Tormes*; *La celestina*). La filosofía política, mientras tanto, sufre una escisión definitiva con la obra de Marsilio de Padua, Maquiavelo y Tomás Moro. Erasmo de Rotterdam, probablemente el más famoso de los humanistas, (¡también en su época!) escribe *El elogio de la locura*, obra en la que se ríe a voluntad de sus contemporáneos, haciendo equilibrio para no terminar en la hoguera.

¡Los teólogos!

"Quizá sería mejor pasar en silencio por los teólogos y no remover esta ciénaga ni tocar esta hierba pestilente, no sea que, como gente tan sumamente severa e iracunda, caigan en turba sobre mí con mil conclusiones forzándome a una retractación y, caso de que no accediese, me declaren en seguida hereje. Con este rayo suelen confundir a todo el que no se les somete. No hay, ciertamente, otros protegidos míos que de peor gana reconozcan mis favores, a pesar de serme deudores de grandes beneficios, pues lisonjeándose con su amor propio puede decirse que habitan en el tercer cielo, desde cuya altura consideran a los demás mortales como un ganado despreciable y digno de lástima que se arrastra sobre la tierra. Se hallan tan fortificados con definiciones magistrales, conclusiones, corolarios, proposiciones explícitas e implícitas y tan bien surtidos de subterfugios, que no serían capaces de prenderles ni las mismas redes de Vulcano, pues lograrían escurrirse a fuerza de estos distingos que cortan los nudos con la misma facilidad que el acero de Tenedos; hasta tal punto están provistos de palabras recién acuñadas y de vocablos prodigiosos. Además, son capaces de explicar a su capricho los misterios más profundos: cómo y por qué fue creado el mundo; por qué conducto se ha transmitido la mancha del pecado a la descendencia de Adán; cómo concibió la Virgen a Cristo, en qué medida y cuánto tiempo le llevó en su seno; y de qué manera en la Eucaristía subsisten los accidentes sin sustancia".

Pero esto ya es harto manido. Hay otras cuestiones más dignas de los grandes teólogos, los iluminados, como ellos dicen, las cuales, cuando se plantean, les llenan de agitación: '¿Existe el verdadero instante de la generación divina?'; '¿Existen varias filiaciones de Cristo?'; '¿Es admisible la proposición que dice: *Pater Deus odit filium*'; '¿Habría podido tomar Dios la forma de mujer, de diablo, de asno, de calabaza o de guijarro?' —Y 'una calabaza, ¿cómo hubiera podido predicar, hacer milagros y ser crucificada?' 'Si Pedro hubiese consagrado durante el tiempo que Cristo permaneció en la cruz, ¿qué habría consagrado?' '¿Se comerá y se beberá después de la resurrección de la carne?' ¡Como si se precaviesen ya contra la sed o el hambre!". (Erasmo de Rotterdam. *Elogio de la locura* [1511])

Pero Erasmo y los demás humanistas no se dedicaban solo a reírse, sino a cultivar el conocimiento, las letras clásicas y modernas. A recuperar, en suma, el enorme legado de conocimiento que había quedado un poco oscurecido u olvidado durante la Edad Media.

Como prueba de ello, hay que mencionar que Erasmo elaboró el *Textus receptus*, una recuperación y edición crítica de los textos del Nuevo Testamento en griego, que ayudó a la traducción de la Biblia a los idiomas nacionales. Confluía entonces en la recuperación de la Biblia como texto popular, un interés espiritual con uno cultural y educativo.

Renacimiento, humanismo y Reforma

El humanismo y el Renacimiento pueden ser vistos como "compañeros de viaje" de la Reforma protestante. Expresaban junto con ella la necesidad de romper con el paradigma medieval de la cultura para fundar uno nuevo. También miraban hacia atrás con el fin de buscar raíces ancestrales para refundar las bases de la sociedad europea. Coincidían en la necesidad de fomentar la educación, la apertura mental, la libertad de expresión y la crítica de lo establecido. Pero también diferían en sus objetivos y por eso, aunque muchos reformadores fueron grandemente influidos por una formación humanística o por los escritos de Moro o Erasmo, estos movimientos se distanciaron progresivamente. Los reformadores buscaban una transformación de la iglesia en su propia generación y no estaban dispuestos a esperar el lento efecto de la transformación de la cultura. Por otro lado, para los humanistas, la reforma de la iglesia era apenas solo una de las preocupaciones que alentaban su tarea y quizás no la principal.

Preguntas para reflexionar en comunidad

✓ ¿Qué otras corrientes culturales o sociales podemos identificar operando en nuestro contexto?

✓ ¿Tiene nuestro mensaje o nuestras preocupaciones aspectos en común con ellos?

✓ ¿Además de nuestras preocupaciones espirituales o éticas, tenemos inquietudes estéticas como comunidad de fe?

✓ ¿Utilizamos el arte para comunicar nuestro mensaje?

✓ ¿Esperamos que nuestras expresiones y comunicaciones, además de ser correctas, sean bellas?

✓ ¿Cómo podemos ampliar y profundizar nuestra mirada estética sobre la fe y la espiritualidad?

Capítulo 4

Haga patria: lidere una reforma

Por tanto, para que sean borrados sus pecados,
arrepiéntanse y vuélvanse a Dios,
a fin de que vengan tiempos de descanso de parte del Señor.

—Hechos 3.19–20

Aquellos hermanos a quienes ha dado el Señor la gracia del trabajo,
trabajen fiel y devotamente de forma tal, que,
evitando el ocio, que es enemigo del alma,
no apaguen el espíritu (1Ts 5.19) de la santa oración y devoción,
a cuyo servicio deben estar las demás cosas temporales.
Y como remuneración del trabajo acepten, para sí y para sus hermanos,
las cosas necesarias para la vida corporal, pero no dinero o pecunia;
y esto háganlo humildemente, como corresponde
a quienes son siervos de Dios y seguidores de la santísima pobreza.

—Regla de San Francisco, año de 1223

No debemos pensar que la Reforma fue un acontecimiento aislado que surgió de pronto en la historia de la iglesia. Todo lo contrario: casi desde el mismísimo siglo II de nuestra era, aparecieron grupos preocupados por su renovación. Es que, desde un comienzo, la masificación del cristianismo (su éxito, podríamos decir) y el crecimiento de las estructuras eclesiales mostraron la necesidad de un retorno permanente a las fuentes originales. La adopción del cristianismo como religión oficial durante los siglos IV y V, acentuó esta búsqueda. Si bien ese proceso tuvo el beneficio de detener las persecuciones, al mismo tiempo generó peligrosas consecuencias para la vida de la iglesia: acumulación de riqueza y poder, "conversiones" masivas, vulgarización del evangelio (que dejó de ser comprendido con claridad), pérdida de los ideales éticos. Estas preocupaciones se acentuaron a partir del medioevo, periodo en que la iglesia ya se había convertido en el único poder universal y, además, era la poseedora de importantes bienes terrenales, factores todos estos que resintieron el cultivo de los valores más sencillos y profundos del evangelio.

Los que resultaron muy diversos fueron los modos en que se expresaron estas ansias de renovación. Por un lado, surgieron muchos movimientos al interior de la iglesia, que en su momento se denominaron (desde el centro teológico ortodoxo) *herejes*. Hoy podemos mirar esos numerosos grupos que conmovieron a la iglesia desde el siglo II como una búsqueda de vivencias más genuinas, y no sólo como amenazas a la sana doctrina. Si bien muchas veces la discusión se centró en algún punto polémico del dogma cristiano, no es difícil discernir detrás de esas cuestiones una crítica a la vida de la institución eclesial que podríamos llamar "oficial". Late en todos los grupos de la heterodoxia cristiana un anhelo por una comunidad de fe renovada, una crítica al excesivo institucionalismo o a la decadencia moral en el seno de la iglesia oficial. Durante la Edad Media, surgieron muchos de estos grupos heterodoxos, tales como los albigenses, los valdenses, los hermanos lolardos o los husitas, quienes fueron duramente perseguidos por el centro del poder religioso. Si bien el estudio de todos estos grupos nos muestra su notable diversidad, también su historia refleja elementos comunes: la búsqueda de una vida más piadosa, el regreso a la Biblia para que pueda ser leída por el pueblo común, la búsqueda de una vida religiosa más sencilla y la crítica al poder temporal y corrupto de la jerarquía eclesial. La persecución contra algunos de estos grupos fue particularmente cruel, logrando sofocar su misma existencia, como es el caso de la cruzada contra los albigenses del sur de Francia (1209/1244). Otros movimientos —como la iglesia valdense—, si bien fueron duramente perseguidos, lograron sobrevivir para sumarse luego al movimiento de la Reforma protestante.

La idea reformadora inspiró también a hombres y mujeres comprometidos que, sin intentar cambiar la iglesia existente u oponerse a ella, bregaron por su transformación. Estos esfuerzos de reforma, en general, se manifestaron a partir de las órdenes monásticas ya existentes o mediante la creación de otras nuevas. Hacia el año 900, aproximadamente, surge en Francia un poderoso movimiento reformador en el seno del monasterio de Cluny. La regla cluniacense ejerció una tremenda influencia sobre la Europa Central, al promover una renovación de la piedad en los monasterios por medio de apertura de escuelas, bibliotecas y la promoción de una ética estricta entre los monjes. Otro tanto puede decirse del movimiento cisterciense, el cartujo, el franciscano y muchos otros. Todas estas reformas monásticas, con los énfasis particulares de cada una, promovieron el regreso a la vida contemplativa y ascética, el cultivo de la oración y el estudio de las Escrituras y de los Padres de la Iglesia, el trabajo manual, la vida de pobreza y servicio, así como otros valores claramente conectados con la fe de la iglesia primitiva.

Por último, cabe mencionar las iniciativas de reforma emprendidas desde la propia jerarquía institucional de la iglesia. Los obispos en sus diócesis y, en particular, algunos papas para la iglesia universal, intentaron en numerosas ocasiones corregir los desvíos en la vida y práctica de la iglesia por medio de reformas del culto, del clero y de las órdenes religiosas, tratando de impactar también sobre la vida piadosa del ser humano común. De todas ellas, la de mayores consecuencias, fue sin duda la emprendida por el papa Gregorio VII hacia el año 1070. La reforma gregoriana fue muy ambiciosa; se proponía nada menos que el regreso de la sociedad cristiana europea a los tiempos de la iglesia primitiva. Para ello, se emprendió una reforma general: en el culto se eliminaron los instrumentos musicales (considerados de mala influencia para la moral), lo que dio nacimiento al canto llamado gregoriano. Se cambió la formación del clero y su organización, de modo de garantizar la pureza de la vida personal. Se fortaleció el poder de la iglesia ante los poderes civiles y se crearon universidades y bibliotecas que revitalizaron los estudios de la Biblia, la teología y la filosofía.

El primer decreto de inquisición de la historia

Para abolir la depravación de las diversas herejías que en los tiempos presentes han comenzado a pulular en diversas partes del mundo, debe encenderse el vigor eclesiástico, a fin de que —ayudado por la potencia de la fuerza imperial— no sólo la insolencia de los herejes sea aplastada en sus mismos conatos de falsedad, sino también para que la verdad de la católica simplicidad que resplandece en la Santa Iglesia, aparezca limpia de toda contaminación de los falsos dogmas. Por ello nos, sostenidos por la presencia y el vigor de nuestro queridísimo hijo Federico, ilustre emperador de los Romanos, siempre augusto, con el común acuerdo de nuestros hermanos, y de otros patriarcas, arzobispos y de muchos príncipes que acudieron de diversas partes del mundo, por la sanción del presente decreto general, nos levantamos contra dichos herejes, cuyos diversos nombres indican la profesión de diversas falsedades, y condenamos por la presente constitución todo tipo de herejía cualquiera sea el nombre con que se la conozca. En primer lugar determinamos condenar con anatema perpetuo a los cátaros y albigenses, y a aquellos que se llaman a sí mismos con el falso nombre de Humillados o Pobres de Lyon, a los Pasaginos, Josefinos. Y puesto que, algunos bajo apariencia de piedad, y como dice el apóstol, pervirtiendo su significado se arrogan la autoridad de predicar, aun cuando el mismo apóstol dice '¿cómo predicarán si no son enviados?', condenamos a todos aquellos que, bien impedidos, bien no enviados, presumieran predicar ya sea en público o en privado, sin haber recibido la autorización de la Santa Sede o del obispo del lugar. También ligamos con el mismo vínculo de anatema perpetuo a todos aquellos que respecto al sacramento del Cuerpo y la Sangre de Nuestro Señor Jesucristo, o sobre el bautismo, o la remisión de los pecados, el matrimonio, o sobre los demás sacramentos de la Iglesia, se atreven a sentir o enseñar algo distinto de lo que la sacrosanta Iglesia Romana predica y observa; y en general [ligamos con el mismo vínculo] a quien quiera que sea juzgado como hereje por la misma Iglesia Romana, o por cada obispo en su diócesis, o bien , en caso de sede vacante, por los mismos clérigos, con el consejo —si fuera necesario— de los obispos vecinos. Determinamos que queden sujetos a la misma sentencia todos sus encubridores y defensores y todos aquellos que prestasen alguna ayuda o favor a los predichos herejes con el fin de fomentar en ellos la depravación de la herejía, bien a aquellos [que llaman] consolados, o creyentes, o perfectos, o con cualquiera de los nombres supersticiosos con que se los llame. (Decreto Ad abolendam del papa Lucio III [1184])

Si unimos las tres categorías que hemos utilizado para pensar en las reformas anteriores a la Reforma, podremos captar mejor sus contradicciones y límites. Entre otras iniciativas, la reforma gregoriana fue la causante de la violenta cruzada contra los albigenses —de la que hemos hablado—, y ese poder papal que salió fortalecido y triunfante de este proceso, también fue el responsable de la cooptación de muchos movimientos radicales de reforma como el emprendido por San Francisco y Santa Clara de Asís. Es decir, había reforma, pero no siempre en la misma dirección y por los mismos intereses. En no pocas ocasiones, el noble objetivo reformador sirvió en realidad para acrecentar un poder con la capacidad de aplastar a los disidentes. Lo que queda claro es que el ideal reformador atraviesa toda la Edad Antigua y la Media. La Reforma protestante no es sino uno de los puntos de eclosión de esas fuerzas que, una y otra vez, pugnaban por un cambio. Lo que la destaca es haber sido un movimiento particularmente exitoso, y haber triunfado donde tantos otros habían fracasado.

¿Por qué decimos que la Reforma protestante no fue un fenómeno aislado?

Casi desde los inicios de la iglesia hubo movimientos que lucharon por una renovación de la vida eclesial. El movimiento monacal —por ejemplo— puede ser visto entre otros como un esfuerzo por renovar una piedad radical y profunda.

Los grupos llamados en su momento "herejes" fueron también la expresión de ese anhelo de cambio y de retorno a las fuentes del cristianismo, así como las reformas emprendidas por algunos papas que, "desde arriba", buscaron cambiar la vida de los religiosos y del pueblo común.

Estas reformas fueron muchas veces contradictorias, y aunque dejaron profundas huellas en la vida de la iglesia, la cultura y la sociedad en general, no lograron quebrar la lógica jerárquica imperante. Incluso en el caso de las reformas hechas desde el poder, éstas reforzaron muchas veces las estructuras de dominación, lo que a largo plazo tuvo consecuencias más negativas aún.

Preguntas para reflexionar en comunidad

✓ ¿Cómo saber lo que debe ser reformado en la iglesia y lo que no?

✓ ¿Podemos valorar la crítica externa como un modo de identificar errores y desviaciones?

✓ ¿Qué razones podemos identificar para que la iglesia intente siempre permanecer idéntica a sí misma?

✓ ¿Qué diferencias podríamos señalar entre tener identidad y fosilizarse?

✓ ¿Qué equilibrios habría que ensayar entre renovarse y permanecer fiel a las propias raíces?

Capítulo 5

La escolástica hace escuela

Tú eres maestro en Israel, ¿y no entiendes estas cosas?, respondió Jesús.
—Juan 3.10

Dado que por su naturaleza el hombre está dotado del libre albedrío,
que le inclina ahora al bien, ahora al mal,
de dos maneras puede obtener de Dios la perseverancia en el bien.
La una consiste en que el libre albedrío sea determinado al bien
por la gracia consumada; y esto es lo que ocurrirá en la gloria.
La otra consiste en que Dios, con su impulso, incline al hombre
al bien hasta el fin.
Ahora bien, según consta por lo ya dicho, el hombre puede merecer
lo que constituye el término del movimiento del libre albedrío
dirigido por el impulso divino, pero no lo que constituye
el principio de ese mismo movimiento.
Y, en consecuencia, puede merecer la perseverancia de la gloria,
que es el término de aquel movimiento, pero no la perseverancia
de esta vida, que depende solamente de la moción divina,
principio de todo mérito. A quien Dios otorga
el beneficio de esta perseverancia, se lo otorga gratuitamente.
—Santo Tomás de Aquino. *Suma Teológica* [1265]

El mundo en el que surgió la Reforma protestante fue un mundo religioso, eclesiástico y teológico. Desde nuestros tiempos tan seculares, nos cuesta imaginarnos una época en la que todas las cuestiones que interesaban a la sociedad debían resolverse de acuerdo con el pensamiento teológico vigente y, no pocas veces, luego de recias disputas entre teólogos o escuelas de teología rivales. Quizás desde esa época la teología ha tenido tan mala prensa hasta nuestros días, pues la percepción popular la vincula con discusiones oscuras sobre temas puramente especulativos, alejados de la vida y las preocupaciones terrenas y cotidianas que desvelan al común de los mortales. Lo cierto es que el clima de época —como diríamos ahora— estaba saturado de pensamiento religioso, y los técnicos más citados para resolver disputas eran los doctores de la iglesia. Los expertos eclesiásticos debían opinar de temas muy diversos: desde qué intereses era lícito cobrar por un préstamo hasta qué pecados eran considerados mortales y cuáles no. No existían —como en nuestro tiempo actual— áreas segmentadas y separadas de la vida social: todo estaba atravesado por lo religioso.

Había, por supuesto, diversas escuelas y tradiciones que disputaban entre sí el dominio del campo teológico que, como se ve, era la gran arena de las disputas ideológicas de la época. Desde el siglo IV en adelante, se había ido imponiendo en la llamada Patrística (el pensamiento de los Padres de la iglesia) las ideas de San Agustín que, fuertemente influenciado por el filósofo griego Platón, había elaborado una síntesis consistente entre la tradición platónica de la filosofía griega y el pensamiento cristiano. Pero, a partir del siglo X, esa hegemonía conceptual se vio puesta en entredicho por una nueva corriente de pensamiento: la escolástica. La escolástica se convirtió pronto en la principal corriente teológica del mundo medieval. Pueden considerarse sus padres fundadores a Anselmo de Canterbury (1033–1109) y Pedro Abelardo (1079–1142), que comenzaron a elaborar una nueva relación entre la fe y la razón de la que había postulado San Agustín casi 500 años antes. Para este último, la razón era apenas una "sirvienta" de la fe; pero en los escolásticos, su importancia comienza a ser mucho más crucial, permitiéndose incluso obtener conclusiones por sí misma. ¿Sería posible demostrar por la razón la misma existencia de Dios? Pues hasta allí habría de llegar el optimismo de esta nueva corriente teológica. La escolástica impulsó una renovación en las formas del estudio y del conocimiento; este proceso coincidió con la formación de las primeras universidades (Bolonia, 1089; Oxford, 1096; París, 1150; Módena, 1175), en las que estos nuevos métodos e ideas habrían de desarrollarse y expandirse.

Pero el aporte fundamental para estos nuevos aires de pensamiento iba a llegar con las obras de Pedro Lombardo (1100–1160) y Santo Tomás de Aquino (1224–1274). Fue este último —un monje dominico italiano—, el primero en elaborar un trabajo teológico a fondo que incorporaba al diálogo con la teología cristiana a otro pensamiento filosófico: el de Aristóteles. A la síntesis clásica entre cristianismo y pensamiento platónico, comenzó a sucederle otra: la incorporación del pensamiento aristotélico en Occidente. Con Santo Tomás las formas de la escolástica llegan a su madurez y se imponen en toda Europa por medio de la utilización de las categorías de Aristóteles, para pensar la teología cristiana y el método de elaboración teológica basado en una nueva lógica dialéctica y racional.

> La existencia de Dios puede ser demostrada de cinco maneras distintas: 1) la primera y más clara es la que se deduce del movimiento. Pues es cierto, y lo perciben los sentidos, que en este mundo hay movimiento. Y todo lo que se mueve es movido por otro [...] Pero si lo que es movido por otro se mueve, necesita ser movido por otro, y éste por otro. Este proceder no se puede llevar indefinidamente, porque no se llegaría al primero que se mueve, y así no habría motor alguno pues los motores intermedios no mueven más que por ser movidos por el primer motor. Ejemplo: Un bastón no mueve nada si no es movido por la mano. Por lo tanto, es necesario llegar a aquel primer motor al que nadie mueve. En éste, todos reconocen a Dios. (Santo Tomás de Aquino. *Primera vía de la demostración racional de la existencia de Dios*)

Si bien los escolásticos se adherían al viejo axioma de Agustín sobre la fe y la razón: "Creo para entender, entiendo para creer", la influencia de Aristóteles y de su método lógico influyó para que la razón comenzara a ser utilizada como una potencia humana que podía ponerse lado a lado con las declaraciones de la fe. No hace falta decir que esto constituye un lejano antecedente de la modernidad, así como el método que consistía en expresar una hipótesis o enunciado, para luego acumular las objeciones y finalmente las conclusiones racionalmente fundadas. De algún modo, los teólogos escolásticos inventaron el método de reflexión académico-científica. La escolástica reconoció varias fuentes de autoridad; por un lado, y siguiendo a la tradición: la Biblia y los escritos de los Padres de la Iglesia, pero también como método y mediación filosófica, las obras de Aristóteles y sus grandes intérpretes: judíos y musulmanes de la Edad Media y, en menor medida, también la filosofía platónica, que no fue abandonada del todo.

La aceptación —muchas veces sin crítica— de las conclusiones doctrinales sancionadas a partir de estas fuentes, reforzó la dogmática de la iglesia, le hizo perder creatividad y fosilizó sus aportes. Si bien el método postulaba cierta autonomía de la razón frente a lo dogmático, esta autonomía no era tal cuando se cuestionaba una autoridad reconocida y, en cambio, muchas veces llegaba a conclusiones altamente especulativas. Las categorías materiales de la filosofía aristotélica como acto y potencia, forma y materia, sustancia y accidentes, fueron clave para la elaboración de ciertas soluciones teológicas como la doctrina de la transubstanciación. A la muerte de Santo Tomás, la escolástica ingresó en una rápida decadencia. La pérdida de originalidad filosófica y teológica, sumado a un método que podía resultar proclive a las interminables disquisiciones, terminaron por generar una producción teológica barroca, sobrecargada y plagada de cuestiones accesorias y especulativas.

La Reforma protestante fue, por un lado, heredera de la escolástica en la medida que sus teólogos se habían formado bajo la influencia de esta tradición, hegemónica en su época. Esto explica algunas tendencias que se mostraron pronto en la teología de la Reforma como un precoz dogmatismo o la insistencia en elaborar teologías cerradas y con un importante componente racional y especulativo. Pero, por otro lado, la teología de los reformadores implicó una ruptura con la escolástica, pues posibilitó el renacer y la actualización de otras tradiciones teológicas que habían sido puestas en un segundo plano. Así sucedió con el pensamiento agustiniano acerca del pecado, la salvación y la gracia, que resultaron importantes para las nuevas formulaciones teológicas de la Reforma, así como la importancia que alcanzó la tradición mística alemana del maestro Eckhart (1260–1328) y otros pensadores de espiritualidad del medioevo que resultaron inspiradoras para el pensamiento de muchos teólogos del movimiento reformador.

¿Por qué la escolástica es importante para entender la Reforma?

1. Porque elaboró un método teológico donde la razón ocupaba un lugar de mayor importancia que en tradiciones teológicas previas. En ese sentido, abrió la puerta al pensamiento moderno, del cual el proceso reformador formó parte. La importancia del debate teológico, la agenda de temas doctrinales y la contraposición de aportes e hipótesis fueron elementos que se incorporaron a la producción del pensamiento reformado.

2. Las reflexiones sobre la existencia de Dios, de la relación entre razón y fe, y la teología de la salvación, fueron antecedentes importantes para que los teólogos de la Reforma formularan su propia síntesis.

3. El agotamiento del pensamiento escolástico también provocó la búsqueda de nuevas respuestas frente a las grandes preguntas de la teología cristiana. Llevó a un debate sobre la autoridad de la tradición y a buscar el redescubrimiento de aportes invisibilizados, por lo que había llegado a ser un pensamiento dominante.

Preguntas para reflexionar en comunidad

✓ ¿Qué diferencia reconocemos entre lo que dice la Biblia y el pensamiento cristiano de un momento histórico específico?

✓ ¿Qué relación guarda la verdad cristiana con sus formulaciones en un momento de la historia o la cultura?

✓ ¿Cómo podemos pensar una renovación del pensamiento cristiano sin que pierda sus verdades fundamentales?

✓ Cuando nos pensamos como comunidad ¿podemos identificar lo fundamental de lo accesorio?

✓ ¿Cómo vemos la relación entre fe y razón?

✓ ¿Qué lugar le asignamos a cada una de esas facultades al pensar nuestra propia fe y práctica?

Capítulo 6

Una sociedad de diferentes

*Escuchen, mis queridos hermanos: ¿No ha escogido Dios
a los que son pobres según el mundo para que sean ricos en la fe
y hereden el reino que prometió a quienes lo aman? ¡Pero ustedes
han menospreciado al pobre! ¿No son los ricos quienes los explotan
a ustedes y los arrastran ante los tribunales?
¿No son ellos los que blasfeman el buen nombre de aquel
a quien ustedes pertenecen?*

—Santiago 2.5–7

*He sostenido y seguiré sosteniendo sin cesar, que los mendigos
son un signo seguro de que no hay cristianos, o que éstos
son pocos y tibios en la ciudad en la que se ve gente mendigando.
Brevemente, esto debe entenderse así:
Son mendigos aquellos que andan dando vueltas por ahí en procura de pan
o que están sentados en las calles o ante las casas o iglesias pidiendo pan.
A esa gente no se la debe tolerar; es preciso ahuyentarla,
pero no de una manera irracional y tiránica, sino con ayuda espontánea.
Porque nosotros, los cristianos, no debemos permitir que nadie llegue
a tal grado de pobreza y necesidad, como para verse movido e impelido
a clamar por pan. Así pues, digo que siempre tenemos hermanos
y hermanas pobres (Mt 26) que necesitan nuestra ayuda y asistencia.
Pero nosotros debemos atender celosamente a nuestros vecinos
y compañeros en el cristianismo y acudir a remediar sus necesidades,
antes de que nos las hagan conocer a gritos, sino tampoco somos cristianos.*

—Andreas von Karlstadt. *Que no debe haber
mendigos entre los cristianos* [1522]

La sociedad europea de la época de la Reforma estaba en crisis y transición: es difícil, en unos breves párrafos, dar cuenta de su complejidad. Pero, simplificando, podemos decir que, por una parte, estaba dejando de ser la sociedad medieval tradicional con sus tres capas sociales bien diferenciadas: nobleza/clero/campesinos, ya que nuevos grupos sociales se habían desarrollado haciéndola más variada y matizada. Pero no solo a nivel de cómo estaba conformada la población estaba cambiando Europa, sino también en cuanto a la distribución de esa población y la estructura económica. Si durante casi toda la Edad Media había prevalecido el mundo rural sobre el urbano, desde el siglo XIV se venía experimentando un renacer de las ciudades y de la vida urbana con todo el desarrollo cultural y social que esto conllevaba. Precisamente, este cambio demográfico explica en parte las transformaciones que estaba experimentando la economía. En las ciudades y el campo, ya se podía hablar de una incipiente "industria" que estaba cambiando las formas de trabajo y producción. Por ejemplo, la industria de paños y la de productos de lujo para la alta nobleza habían hecho crecer a algunos gremios de artesanos de manera nunca vista antes (plateros, escultores, pintores, armeros, joyeros, etc.). Algunos inventos sencillos como la pólvora, la imprenta, el arado con volcadera, la brújula, el astrolabio, los molinos de agua y viento estaban transformando las capacidades productivas, los viajes y las comunicaciones. Estos avances generaron un gran desarrollo del comercio local y sobre todo a larga distancia. Aparecieron así sectores sociales nuevos que se estaban beneficiando con estos desarrollos productivos y comerciales.

En el mundo rural, las relaciones feudales de vasallaje se encontraban también en proceso de cambio. Se estaba produciendo una creciente monetización de la economía, es decir, el dinero en metálico reemplazó a otros intercambios, y los avances tecnológicos permitieron roturar más tierras y hacer que éstas produjeran más. Pero estos cambios, lejos de mejorar la condición de los campesinos, provocó que su situación social se deteriorara y agigantó sus diferencias con los otros estamentos sociales.

Todas estas clases, excepto la última, oprimían a la gran masa de la nación: los campesinos. El campesino soportaba el peso integro de todo el edificio social: príncipes, funcionarios, nobleza, frailes, patricios y burgueses. El príncipe como el barón, el monasterio como la ciudad, todos le trataban como mero objeto, peor que a las bestias de carga. Como siervo, estaba entregado a su señor atado de pies y manos. Siendo vasallo, los servicios a que le obligaba la ley y el contrato eran ya suficientes para aplastarlo; pero todavía se las aumentaban continuamente. Durante la mayor parte del tiempo, debía trabajar en las fincas del señor; con lo que ganaba en sus ratos libres tenía que pagar los diezmos, censos, pechos, tributos de guerra e impuestos regional e imperial. No podía casarse ni morir sin que cobrase algo su señor. Además de los servicios regulares, tenía que recoger paja, fresas, bayas, conchas de caracol, ayudar en la caza, cortar leña, etc., todo para el señor. La pesca y la caza pertenecían al señor; el campesino tenía que callar y resignarse mientras que la caza del amo destruía su cosecha. Los señores se habían apropiado de casi todos los montes comunales, pertenecientes a los campesinos. Lo mismo que de la propiedad, el señor disponía arbitrariamente de la persona del campesino y de la de su mujer e hijas. Tenía el derecho de pernada. Cuando quería mandaba encerrar a sus siervos en el calabozo donde los esperaba la tortura con la misma seguridad que el juez de instrucción les espera en nuestros días. Los mataba o los mandaba degollar cuando quería. (Federico Engels. *La guerra de los campesinos en Alemania* [1851])

Es que lo que caracterizaba a la sociedad tardomedieval eran sus diferencias: se trataba de una sociedad basada en una diferencia social que no era meramente de apropiación económica, sino una desigualdad de base, de esencia. Se nacía diferente, se vivía y se moría en mundos distintos. Esas disparidades estaban marcadas por privilegios de origen y de pertenencia a un determinado grupo social del que era prácticamente imposible salir. En la cumbre de la pirámide social estaba la alta nobleza, que dedicaba la renta de la que se apropiaba, al lujo, las fiestas, los torneos galantes, las armas, las fortificaciones. La nobleza media y baja luchaba por mejorar su condición, liberarse de los grandes señores y quizás pasar a depender directamente del emperador o de algún soberano con menores exigencias. Los que estaban en peor situación en este sentido, eran los caballeros y la baja nobleza, que dependían del favor de la aristocracia, ya que luchaban para ella. Las transformaciones en la tecnología de la guerra y la centralización de los Estados los empujaban a un creciente empobrecimiento. Junto con la nobleza, hay que colocar al clero: primero la jerarquía formada por cardenales, arzobispos, priores y abades, que detentaban el poder económico y político de la iglesia, llenos de privilegios sociales. Este sector del clero ejercía el poder feudal y señorial de igual modo que la nobleza secular y, en ocasiones, con mayor crueldad. El bajo clero estaba formado por los párrocos seculares a cargo de las parroquias locales y el clero regular, es decir, los monjes o miembros de las numerosas órdenes monacales organizadas en conventos o monasterios. Estos no formaban parte de la jerarquía eclesiástica y mantenían un contacto asiduo con el pueblo bajo y el campesinado, lo que les generaba una mayor conciencia social.

Formalmente, estos sectores estaban todos beneficiados por estar exentos de impuestos y por encontrarse en una posición social que les permitía participar en la apropiación de la renta ajena. Si bien los caballeros y el clero bajo no podían acumular riquezas ni vivir desahogadamente, eran sostenidos por el trabajo de campesinos y artesanos. Estos últimos, radicados en general en las ciudades (y a los que podemos agregar a los pequeños comerciantes), sobrevivían con mucho esfuerzo en ciudades con enormes problemas sociales y de salubridad. Eran los campesinos, quienes constituían la mayoría de la población, los que se llevaban la peor parte: sin ningún derecho, atados de por vida a la tierra que cultivaban y librados a la arbitrariedad de sus señores.

Este contexto explica la agitación e inestabilidad social que se expresó con diversos planteamientos y revueltas no bien las ideas de la Reforma comenzaron a difundirse. Es probable que Lutero y muchos otros reformadores no hayan comprendido el contenido potencialmente revolucionario que su prédica podía tener en un contexto de tanta opresión. También hay que atribuir a estas relaciones de explotación la esperanza con la que estos sectores oprimidos recibieron la predicación de los reformadores. Entre 1524 y 1525 estalló la llamada "guerra de los campesinos". La demanda del levantamiento rural exigía tanto reformas sociales como la implementación de cambios en la esfera religiosa que, claramente, estaban inspirados en la Reforma. Muchos predicadores populares y seguidores del movimiento luterano participaron activamente en ella. De entre esas personas se destaca el teólogo Thomas Muntzer (1488–1525), que llegó a liderar un sector importante de campesinos involucrados en la guerra. Para Muntzer y sus compañeros de lucha, el regreso al evangelio debía implicar una transformación profunda de las desigualdades sociales. Pero Lutero y otros reformadores no lo vieron así y desautorizaron estos y otros reclamos basados en sus ideas originales. En el caso de la guerra campesina, la nobleza, utilizando su superioridad de recursos económicos y militares, logró aplastar el movimiento ejerciendo una violencia inusitada.

¿Qué nos aporta la mirada social para comprender la Reforma?

La Europa en la que la Reforma se desencadenó, había acumulado profundas contradicciones en su sistema social. De hecho, el feudalismo en crisis estaba sufriendo el embate del naciente capitalismo mercantil. En ese proceso de cambio, los estamentos de la sociedad más desfavorecidos veían aún más deteriorada su situación debido a la inestabilidad y la incertidumbre.

El campesinado, la baja nobleza y el artesanado urbano, como sectores sociales oprimidos, estaban expectantes ante la posibilidad de que se produjese un cambio social. La predicación reformadora parecía llevarles la esperanza de una transformación largamente esperada. Las exacciones de los nobles y de la iglesia quedaban en entredicho ante el mensaje de la libertad cristiana. Sin embargo, muchos líderes protestantes temieron que esas tendencias crearan una inmanejable conmoción y se opusieron a extraer conclusiones revolucionarias en términos sociales. Es decir, se volvieron reaccionarios en términos económico-políticos, aunque eran partidarios de cambios radicales en términos teológicos o eclesiales. En última instancia, este proceso agigantó las diferencias entre diversos grupos de la Reforma que asumieron opciones sociales en disputa.

Preguntas para reflexionar en comunidad

✓ ¿Qué implicancias sociales puede tener la predicación del evangelio?

✓ ¿Es la predicación del evangelio un factor de cambio social? ¿De qué modo?

✓ ¿Cómo puede la iglesia evitar asumir opciones sociales reaccionarias o retrógradas?

✓ ¿De qué modo las comunidades de fe pueden influir favorablemente para que se generen cambios sociales en favor de la justicia y la paz en sus contextos inmediatos y en América Latina?

Capítulo 7

Con la iglesia todo, sin la iglesia nada

*Conozco tus obras, tu duro trabajo y tu perseverancia.
Sé que no puedes soportar a los malvados,
y que has puesto a prueba a los que dicen ser apóstoles, pero no lo son;
y has descubierto que son falsos.*

—Apocalipsis 2.2

*Por apremio de la fe, estamos obligados a creer y mantener que hay
una sola y Santa Iglesia Católica y la misma Apostólica, y nosotros
firmemente lo creemos y simplemente lo confesamos,
y fuera de ella no hay salvación ni perdón de los pecados…
La Iglesia, pues que es una y única, tiene un solo cuerpo, una sola cabeza,
no dos, como un monstruo, es decir, Cristo y el vicario de Cristo,
Pedro, y su sucesor, puesto que dice el Señor al mismo Pedro:
Apacienta a mis ovejas [Jn 21.17].
Mis ovejas, dijo, y de modo general, no éstas o aquéllas en particular;
por lo que se entiende que se las encomendó a todas.
Si, pues, los griegos u otros dicen no haber sido encomendados a Pedro
y a sus sucesores, menester es que confiesen
no ser de las ovejas de Cristo, puesto que
dice el Señor en Juan que hay un solo rebaño y un solo pastor […].*

—Papa Bonifacio VIII. *Bula Unam Sanctam* [1302]

A pesar de todos los intentos de reforma eclesiástica que,
como vimos, se manifestaron desde la iglesia antigua y, más aún,

en la medieval a la hora de desencadenarse la Reforma, el término iglesia hacía referencia a una sola o, a lo sumo, dos instituciones. En 1054, se había producido el cisma entre las iglesias de Oriente (griega) y Occidente (latina), dejando vigentes desde allí dos grandes estructuras eclesiales: la Iglesia Católica, con sede en Roma y extendida por todo el Occidente europeo, y la Iglesia ortodoxa, con sede en Constantinopla, cuya influencia se hacía sentir sobre las iglesias del Oriente europeo y el Cercano Oriente. Pero las cruzadas y el avance del Islam fueron minando la influencia del patriarca de Constantinopla, lo que acrecentó la hegemonía romana y la "catolicidad" que la iglesia occidental se atribuía; es decir, su carácter universal.

El modelo de iglesia que había triunfado era el de la llamada "cristiandad"; una estructura territorial diseminada por todos los espacios geográficos y políticos europeos con una organización monárquica y piramidal. Esta iglesia ejercía un poder compartido con los gobernantes seculares, pero reservaba para sí unas prerrogativas que le eran exclusivas en algunos temas sensibles para la vida cotidiana de todas las personas y, sobre todo, para su destino eterno. Ese lugar de paridad entre la iglesia y los poderes seculares siempre implicaba un equilibrio inestable de un espacio siempre en disputa. Con la restitución de un imperio cristiano a través de la coronación de Carlomagno en el año 800, se inició una lucha entre la iglesia y los monarcas seculares que fue conocida como "la disputa de las dos espadas". Por medio de ella, se expresaba una discusión sobre cuál de los dos poderes hermanados en el modelo de cristiandad tenía preeminencia sobre el otro. ¿El temporal, expresado en los monarcas y señores cristianos? ¿El espiritual, ejercido por el papa y sus obispos? El combate tuvo muchos capítulos y alternativas con resultados diversos, marchas y contramarchas. Los mismos reformadores —como veremos— se vieron obligados a retomar el debate sobre las relaciones más adecuadas entre iglesia y Estado. A largo plazo, la secularización del Occidente cristiano y el surgimiento de los Estados nacionales terminaron siendo un testimonio de la progresiva derrota que iría experimentando la iglesia en su intención de ser el poder rector de la sociedad.

Pero esa disputa estaba muy lejos de resolverse para el 1500: en esa época, el poder territorial de la iglesia se expresaba en una cantidad de aspectos de la vida social. Por ejemplo, en la obligación para todos los habitantes del pago del diezmo de todas las actividades productivas, que era de cumplimiento obligatorio y que se percibía junto con los impuestos y tasas que cobraba el poder señorial. Por otra parte, en la Edad Media la iglesia se convirtió en el principal propietario de tierras en Europa, integrándose al sistema feudal por medio de los dominios de monasterios, conventos o territorios episcopales. A eso se sumaban las donaciones particulares de los señores y monarcas que aportaban bienes a la iglesia, como obras de piedad que favorecieran su salvación. Las colectas, ofrendas e indulgencias eran otros medios de recolectar recursos económicos que, las más de las veces, no quedaban ni siquiera en sus regiones de origen, sino que se utilizaban para financiar las empresas milita-res, políticas o edilicias de los papas romanos. Algunas prácticas desviadas como la simonía, es decir, la compra de posiciones eclesiásticas, se habían extendido como formas especiales de lucrar con el poder eclesial.

En la vida cotidiana de las personas, la iglesia ejercía una influencia decisiva. Incluía por el bautismo a toda persona en la iglesia y, por lo tanto, en la sociedad, y por medio de los demás ritos, administraba cada una de las etapas vitales de cada ser humano hasta la extremaunción y la sepultura cristiana, que aseguraba el paso a la eternidad. Pero también podía excluir por medio de la excomunión a quien se opusiera a sus designios, poner bajo su interdicto a poblaciones enteras y amenazar con la perdición a los súbditos de un monarca excomulgado. A menudo, los papas ejercieron esta función mediadora de la salvación, este rol de representantes de Dios en la tierra para disciplinar a príncipes díscolos u obtener beneficios económicos o políticos. Las indulgencias otorgadas por el papa León x —y que fueron el detonante del proceso reformador— son un ejemplo del tipo de poder religioso que ejercía la iglesia. Reclamaba la capacidad de administrar de manera directa —y como mediadora— los bienes sagrados, los medios de gracia por los cuales las personas podían acercarse a Dios u obtener la salvación y el tesoro espiritual del que la iglesia era guardiana. Ejercía una especie de tutoría sobre la sociedad toda y reclamaba el control y la corrección de los poderes seculares.

> Por las palabras del Evangelio somos instruidos de que, en ésta y en su potestad, hay dos espadas: la espiritual y la temporal... Una y otra espada, pues, están en la potestad de la Iglesia, la espiritual y la material. Mas ésta ha de esgrimirse en favor de la Iglesia; aquella por la Iglesia misma. Una por mano del sacerdote, otra por mano del rey y de los soldados, si bien a indicación y consentimiento del sacerdote. Pero es menester que la espada esté bajo la espada y que la autoridad temporal se someta a la espiritual... Que la potestad espiritual aventaje en dignidad y nobleza a cualquier potestad terrena, hemos de confesarlo con tanta más claridad, cuanto aventaja lo espiritual a lo temporal... Porque, según atestigua la Verdad, la potestad espiritual tiene que instituir a la temporal, y juzgarla si no fuere buena... Luego si la potestad terrena se desvía, será juzgada por la potestad espiritual; si se desvía la espiritual menor, por su superior; más si la suprema, por Dios solo, no por el hombre podrá ser juzgada. Pues atestigua el Apóstol: El hombre espiritual lo juzga todo, pero él por nadie es juzgado [1Co 2.15]. Ahora bien, esta potestad, aunque se ha dado a un hombre y se ejerce por un hombre, no es humana, sino antes bien divina, por boca divina dada a Pedro, y a él y a sus sucesores confirmada en Aquel mismo a quien confesó, y por ello fue piedra, cuando dijo el Señor al mismo Pedro: Cuanto ligares, etc. [Mt 16.19]. Quienquiera, pues, resista a este poder así ordenado por Dios, a la ordenación de Dios resiste [Ro 13.2], a no ser que, como Maniqueo, imagine que hay dos principios, cosa que juzgamos falsa y herética, pues atestigua Moisés no que "en los principios", sino en el principio creó Dios el cielo y la tierra [Gn 1.1]. Ahora bien, declaramos, decimos, definimos y pronunciamos que someterse al Romano Pontífice es de toda necesidad para la

salvación de toda humana criatura. (Papa Bonifacio VIII. *Bula Unam Sanctam* [1302])

Esta dominación tenía que ver con que las personas pertenecían a la iglesia por el solo hecho de habitar un territorio, y la obediencia a ella no era una cuestión optativa. Era ésta una ciudadanía religiosa que atravesaba las fronteras políticas, de modo que, si cada reino o señorío podía enorgullecerse de sus súbditos, el papa podía hacer gala de que todos los habitantes de la cristiandad y de cada uno de esos territorios le debían obediencia. Así una persona no fuera muy piadosa o creyente, estaba obligada a guardar las formas del culto, de la moral establecida y de las creencias reconocidas por la iglesia en defensa de su propia vida. Campesinos o artesanos, laicos o sacerdotes, pobres o ricos, gente del vulgo o poderosos gobernantes, todos experimentaban el dominio jurisdiccional que la iglesia ejercía, disciplinando el pensamiento y el comportamiento de las personas. La iglesia se había convertido en un poder que aspiraba a ser incontestable y absoluto. El papa, que ejercía la diplomacia política como un gobernante temporal más, levantaba ejércitos y mediaba en las disputas políticas de acuerdo con intereses muy terrenales, pero con la capacidad de hacer apelaciones a la voluntad de Dios, la eternidad y a su rol de mediador espiritual.

¿Por qué las formas que adoptó la iglesia en el medioevo iluminan la Reforma?

En el momento de la Reforma, la Iglesia Católica había alcanzado una especie de punto de llegada en cuanto a su propia concepción como única institución capaz de administrar los bienes de salvación y la relación con Dios. Semejante convicción generó una reacción hacia un espacio de libertad para los individuos, de adoptar y sostener sus convicciones sin la tutela de la iglesia.

Nos permiten ver el tipo de estructura de iglesia que fue puesta en discusión por los reformadores. Si bien la Reforma Oficial o Magisterial también desarrolló un modelo de iglesia territorial, puso a rodar un conjunto de principios que la cuestionaban profundamente. Sobre todo entre los reformadores radicales o anabaptistas, creció la convicción de que la fe debía ser una cuestión de conciencia personal y que, por lo tanto, era imprescindible respetar la libertad de culto y separar a la iglesia del Estado.

Preguntas para reflexionar en comunidad

✓ ¿Cómo puede evitar la iglesia convertirse en un poder jerárquico que gobierne las conciencias?

✓ ¿De dónde proviene su tendencia a imponer sus ideas y opiniones sobre las demás personas, aun sobre las que no creen?

✓ ¿Cómo podemos llegar a ser una comunidad tolerante y con muestras de amor hacia los que piensan o viven distinto?

✓ ¿Por qué puede ser peligroso para la vida de la iglesia el que ciertas personas alcancen posiciones o liderazgos más allá de toda crítica o rendición de cuentas?

Segunda parte

Cuatro explicaciones buscando una Reforma

> *Siempre han sido mi preocupación mayor y mi temor*
> *que mi causa quede sin condenación,*
> *puesto que en esto notaría por cierto que aún no agrada a Dios.*
> *Por ello que procedan con desenvoltura el papa, los obispos, los curas,*
> *los monjes o los doctos.*
> *Son las personas indicadas para perseguir la verdad,*
> *como siempre lo hicieron.*
> *¡Que Dios nos dé a todos un entendimiento cristiano y,*
> *especialmente a la nobleza cristiana de la nación alemana,*
> *un modo de pensar recto y espiritual para hacer lo mejor*
> *en beneficio de la pobre Iglesia!*

> —Martín Lutero
> *A la nobleza cristiana de la nación alemana* [1520]

Con la Reforma como fenómeno esencialmente religioso, puede producirse un equívoco. Esto es, llegar a pensar que los únicos influjos para su nacimiento y desarrollo provinieron de la vida de la iglesia, el pensamiento teológico o la espiritualidad. El proceso histórico que estudiamos está muy lejos de ese supuesto. Los movimientos de reforma o mutación religiosa suelen ser el emergente de complejos procesos sociales, económicos, políticos, culturales y también, por supuesto, religiosos. Por eso, para explicar la Reforma, es necesario apelar a un conjunto de causas que no se excluyen entre sí, sino que confluyen en un mismo cuadro al iluminar diversos elementos que deben ser tenidos en cuenta al mismo tiempo cuando nos preguntamos por qué se produjo la Reforma y por qué ocurrió en el siglo xvi. Ante la necesidad de ser breves y certeros, resumiremos las explicaciones causales a las cuatro que han sido clásicas para el abordaje desde diversos enfoques interpretativos. Así, recorreremos la explicación moral que entiende la Reforma como una reacción a la decadencia espiritual de la iglesia medieval. Luego consideraremos la explicación socioeconómica, que relaciona el surgimiento de la Reforma con la búsqueda de una experiencia religiosa acorde con los nuevos tiempos del capitalismo naciente, sus nuevas percepciones, sensibilidades y hábitos. La tercera explicación que analizaremos será la política. Bajo esta lente, la Reforma sería el resultado de un fuerte reacomodamiento de las fuerzas estatales e instituciones de poder en pugna; en especial, un intento de recortar el poder eclesiástico sometiéndolo al poder político. Por último, consideraremos la explicación teológica, que nos lleva de nuevo a pensar en la Reforma como un fenómeno esencialmente religioso, pero ahora matizado con otras miradas para darle mayor densidad a la comprensión de este fenómeno histórico. Digamos *a priori* que ninguna es "verdadera", sino que cada una ilumina un aspecto del mismo proceso. Ampliemos la mirada entonces.

Capítulo 8

Un barco sin rumbo
(la explicación moral)

Para presentársela a sí mismo como una iglesia radiante, sin mancha
ni arruga ni ninguna otra imperfección, sino santa e intachable.

—Efesios 5.27

Cristo quiso mostrar que la castidad es un don de Dios que era dado
a algunos para que reconozcan de manera clara y evidente:
solo la bondad de Dios puede lograr la castidad, pero no el esfuerzo propio.
Esto lo revelan también las siguientes palabras en el pasaje en cuestión,
cuando pasa a hablar en particular de los eunucos: El que sea capaz de
recibir esto que lo reciba. Con esto quería decir que lo guardasen aquellos
que hubiesen recibido la ayuda de Dios; de otro modo, nadie sería capaz
de guardarlo. Ya que nosotros —triste es reconocerlo, pero ante el médico
hay que descubrir de manera resuelta la herida— hemos venido
experimentando que ese don nos ha sido denegado, hemos reflexionado
por mucho tiempo sobre cómo podíamos hallar curación luego del fracaso
de nuestro intento de alcanzar la castidad. Para ello no encontramos
remedio mejor, ni más feliz que el apropiarnos —diría incluso, el rumiar—
de manera atenta de la palabra de Cristo antes mencionada.
Porque entonces se origina a partir de su suavidad en primer lugar
un asco a nosotros mismos, cuando sentimos aflicción por haber convertido
por imprudencia en mandamiento para nosotros aquello que Cristo
ha dejado a libre discreción, como si la observación de la castidad
dependiera de nuestro esfuerzo.

—Ulrico Zwinglio
Súplica al obispo Hugo von Landenberg en Constanza [1522]

Hacia 1522, Ulrico Zwinglio era un respetado párroco y predicador, fiel al papado y la Iglesia Católica en su Suiza natal. La consideración del pueblo y de las autoridades hacia él había crecido tanto, gracias a su trabajo pastoral y, sobre todo, de predicación, que el Consejo de la Ciudad de Zurich lo nombró sacerdote secular de la Catedral de la ciudad, uno de los puestos más significativos dentro del clero local. Pero se trataba de un predicador estudioso y autodidacta, abierto a las ideas reformistas y con un profundo celo por la comunicación del evangelio. En 1522, junto con otros diez colegas, le enviaron una carta al obispo de Constanza del que dependía la iglesia de Zurich. La carta —de la que reprodujimos un párrafo en el encabezado de este capítulo—solicitaba el permiso episcopal para que los sacerdotes de la ciudad pudieran casarse. La institución del celibato eclesiástico tenía una larga historia que había comenzado ya en el siglo IV de la era cristiana; por ejemplo, en el Concilio de Elvira del 305 d. C., se prohibía el casamiento para los sacerdotes y diáconos. Lo cierto es que Zwinglio y sus amigos se atrevieron a enviarle una carta a su obispo en los tumultuosos años de los inicios de la Reforma y pedirle (poniéndolo casi contra la espada y la pared) a que les autorice a cambiar una institución para esa época milenaria. Leamos un poco más de esa carta:

> En el nombre de Cristo, pues, que confesamos en común, en nombre de la libertad adquirida por su sangre, en nombre del amor paternal que tú nos debes, por la miseria de nuestras almas, por las heridas de nuestras conciencia, en nombre de todo lo divino y humano te suplicamos: Míranos con clemencia, a quienes te rogamos, haz desmontar con comprensión la construcción equivocada, al fin de que no se derrumbe algún día con estruendo mucho peor esa masa reunida en contra de la voluntad del Padre celestial.

El principal argumento de la carta es que el permiso para que los sacerdotes pudieran contraer matrimonio evitaría el escándalo y la degradación moral que provocaba una regla eclesiástica que, en realidad, nadie era capaz de cumplir. Era una súplica de una transgresora sinceridad. Pero lo más interesante de esta anécdota y de esta carta, es que pone sobre la mesa una de las explicaciones más utilizadas para dar cuenta de las razones de la Reforma. La debacle moral y espiritual de la iglesia, que fue utilizada en su tiempo por los mismos reformadores para justificar su ruptura con la Iglesia Católica. En esa perspectiva, la Reforma era la respuesta de muchos cristianos que se rebelaban contra un clero corrupto que corrompía, a su vez, al pueblo y lo mantenía en una cómoda ignorancia.

Más allá de los argumentos subjetivos, lo cierto es que la iglesia en el medioevo vivió uno de los períodos más oscuros de su historia. Varias cuestiones contribuyeron a un deterioro moral y espiritual profundo y sostenido. Quizás la principal razón de esta decadencia estuvo ligada a la participación de la iglesia lado a lado junto al poder secular en las luchas políticas de la época. Los papas medievales fueron príncipes territoriales que utilizaron los mismos métodos y principios que orientaban la vida diplomática y política del período. Armaron ejércitos, declararon la guerra, establecieron y rompieron alianzas por razones muy terrenales, compraron voluntades, con la ventaja de poder utilizar en paralelo con su influencia política, su ascendencia espiritual. Incluso varios de ellos, al tener hijos de relaciones ilegítimas, los promovieron como piezas de su tablero para lograr tratados favorables a sus intereses. Este proceso se inició con la oficialización del cristianismo entre los siglos IV y V, pero alcanzó sus reales consecuencias con el desarrollo de la estructura feudal que le dio al papado y, a la iglesia toda, una oportunidad única de arbitrar como poder universal sobre reinos locales o regionales. Quizás el ejemplo más elocuente y famoso de este proceso sea el del papa Alejandro VI "Borgia", quien ejerció el pontificado entre 1492 y 1503. Alejandro no dejó de cometer ninguno de los crímenes que caracterizaban a los gobernantes más crueles y corruptos de su época. La delación, el asesinato, la traición, la simonía, las relaciones incestuosas utilizadas luego para tejer intrincadas alianzas fueron prácticas habituales de su gobierno. Se dice que su sucesor hizo construir nuevas habitaciones en el Vaticano para no tener que habitar aquellas en que había morado don Alejandro.

La ignorancia y la falta de formación espiritual es otra razón que explica la decadencia de la iglesia medieval. Por eso podemos decir que el deterioro espiritual y moral no fue solo de las jerarquías. El clero regular y secular lo experimentó, así como también el pueblo. En el caso del clero, si bien las órdenes se convirtieron en la Edad Media en una reserva de conocimientos y de sincera búsqueda espiritual, esto no se verificó en todos los casos. Leemos en las fuentes históricas permanentes denuncias sobre la corrupción de los monasterios y abadías tanto de hombres como de mujeres. Al estudio profundo de la teología muchas veces lo acompañó un obtuso dogmatismo o cerrazón intelectual y una teología llena de sutilezas intelectuales o disquisiciones que poco tenían que ver con el cultivo de una vida piadosa. No obstante, fueron en estas instituciones donde se logró preservar el conocimiento de las Sagradas Escrituras y de la teología de los Padres de la Iglesia: hay que notar que muchos de los reformadores provenían de la vida monástica. El clero secular se encontraba, sin duda, en una situación de mayor deterioro. En la mayoría de los casos, mal formado y pobremente remunerado, apenas si conocía los textos y ritos mínimos para dirigir el culto y las funciones sacerdotales básicas, incluso no era extraño que muchos de ellos fueran analfabetos. A la ignorancia, se agregaban prácticas aceptadas por los usos y las costumbres por el mismo pueblo, como naturales para sus "pastores". De manera que en moral o espiritualidad no siempre llevaban una vida que pudiera servir de ejemplo a los demás fieles. De hecho, desde antiguo se había arraigado el concepto de la "doble moral". Por esta, se consideraba que las exigencias del evangelio solo podían ser vividas por personas extraordinarias, los "santos", que por eso mismo merecían ser venerados. Pero con la mayor parte del pueblo (que incluía al bajo clero) había que ser paciente, pues no tenía ni los conocimientos ni la fortaleza moral para vivir de acuerdo con esos ideales. Si bien —como vimos—, una y otra vez surgieron movimientos de renovación cristiana, éstos no alcanzaron a torcer el curso de una iglesia que parecía avanzar sin rumbo.

La causa por la cual los frailes despojan a los pobres más frecuentemente que a los ricos, es que los segundos descubren más a fondo el fraude; a los pobres, en cambio, y al vulgo, les falta instrucción para notar el engaño. (Juan Wycliff. *Acerca de cuatro nuevas sectas* [1370])

Además de estos asuntos necesarios de la iglesia, habría también cosas innumerables y grandes que corregir en los estados seculares. Hay discordia entre los príncipes y los estados, la usura y la rapacidad se han desencadenado como un diluvio, y se han transformado en puro derecho, antojo, impudicia, extravagancia en el vestir, glotonería, el juego, ostentación y los vicios de todas las clases, maldad, desobediencia de los súbditos, servidumbre y obreros, extorsión por parte de los artesanos y campesinos (y quién puede contar todo), se han extendido de tal forma que con diez concilios y veinte dietas no se podría restablecer el orden. Si se llegase a tratar tales asuntos principales de estado eclesiástico y secular, asuntos que son contrarios a Dios, habría tanto que hacer que se olvidarían puerilidades y bufonerías sobre el largo de las albas, sobre el diámetro de las tonsuras, el ancho de los cinturones, sobre las mitras de obispo y los capelos cardenalicios, los báculos y demás farsas. Si hubiéramos realizado primeramente el mandamiento y la orden de Dios en el estado eclesiástico y secular, tendríamos suficiente tiempo para reformar las comidas, los vestidos, las tonsuras y casullas. Mas si pensamos tragarnos tales camellos y colar los mosquitos, o dejar las vigas y censurar la paja (Mt 7.3–5), podemos contentarnos con el concilio. (Documento de la Liga de Esmalcalda [1537])

La Reforma y la crisis moral de la iglesia

La decadencia moral puede servir como una explicación para el surgimiento de la Reforma e incluso para entender algunos énfasis que ésta hizo, como el cultivo de una piedad personal y la práctica de las buenas obras. También sirve para comprender los excesos de rigor y celo de corrientes como el puritanismo.

Esta lectura debe igualmente tener sus matices. Si bien la Reforma promovió altos ideales espirituales y éticos, sería un error caer en una generalización que suponga a la Iglesia Católica como la despreocupada sede de la corrupción y a los protestantes como los poseedores de las virtudes cardinales. Muchas prácticas indeseables y contrarias al evangelio existentes en la "vieja iglesia" también se afincaron en las iglesias protestantes. Y surgieron, además, otras cegueras morales tanto o más reprobables que aquellas. Solo como ejemplo podemos mencionar la naturalización de la esclavitud africana, de la cual las naciones protestantes fueron las más culpables.

De modo que estos libros, aunque no llegaron a despertar mi corazón respecto a mi triste y pecaminoso estado, me hicieron entrar deseos de reformar mi vida de vicio, y empecé a adaptarme a la religión circundante. Iba a la iglesia dos veces cada domingo, y aunque cuando estaba allí me portaba muy devotamente, hablando y cantando como hacían los demás, con todo, seguía con mi vida malvada. Y estaba tan lleno de superstición que tenía gran devoción a todo lo que pertenecía a la iglesia: el ministro, el escribiente, los vestidos, el servicio, todo. Yo consideraba santas todas las cosas que había en la iglesia y creía que el ministro y los escribientes debían ser especialmente felices y bienaventurados porque eran siervos, según yo creía, de Dios. Este sentimiento fue haciéndose tan firme en mí que cuando yo veía a un sacerdote, no importa lo sórdida o depravada que fuera su vida, me inclinaba en el espíritu haciéndole reverencia. Sentía como si por el gran amor en que los tenía —pues suponía que eran los ministros de Dios— podría postrarme a sus pies. Su nombre, sus vestidos y su obra me fascinaban y me hechizaba. (John Bunyan [1628–1688]. *Gracia abundante*)

Preguntas para reflexionar en comunidad

✓ ¿Qué estándares éticos hemos desarrollado como comunidad?

✓ ¿Manejamos una ética cristiana o una moral corriente?

✓ ¿Es nuestra justicia mayor que la de los escribas y fariseos (la religión establecida)?

✓ ¿Es una moral corriente o es la ética del Reino?

✓ ¿Cómo consideraríamos la diferencia entre esas dos alternativas?

✓ ¿Podemos correr el riesgo de reducir al cristianismo a una moral? ¿Cómo?

Capítulo 9

¿Una reforma para el capitalismo? (La explicación socioeconómica)

Ningún sirviente puede servir a dos patrones.
Menospreciará a uno y amará al otro,
o querrá mucho a uno y despreciará al otro.
Ustedes no pueden servir a la vez a Dios y a las riquezas.

—Lucas 16.13

Es justo y razonable que un negociante gane tanto
de su mercancía que se paguen sus gastos, su esfuerzo y riesgo.
Un siervo ha de tener su alimento y su jornal de trabajo.

—Martin Lutero. *Comercio y usura*

Lo que cada uno posee
no lo ha conseguido a la ventura o por casualidad,
sino por la distribución del que es supremo Señor de todas las cosas.

—Juan Calvino. *Institución de la religión cristiana*

En 1557 llegaba a Yuste el exemperador Carlos v, el gran opositor político y militar de la Reforma protestante; sí, ya era un exemperador: en 1556, había comenzado a abdicar de cada uno de sus numerosísimos títulos y privilegios reales. Un largo viaje lo había llevado desde los Países Bajos hasta el monasterio de los hermanos Jerónimos en aquella pequeña localidad de la provincia de Cáceres, en territorio español: era su último gran viaje. Llegaba para retirarse de la vida activa y dedicarse a la meditación y la oración mientras esperaba el final de su vida, que percibía no muy lejano. Había sido el monarca más poderoso de su tiempo; en sus posesiones no se ponía el sol, pues reinaba desde Las Filipinas hasta el Cusco; sin embargo, elegía morir como un monje desprovisto de honores y títulos. Este retablo de la historia de finales de la Edad Media sirve para ilustrar el cambio de mentalidades que se estaba produciendo, y que es posible que la Reforma ayudara a provocar. Para entender la explicación socioeconómica como causa de la Reforma, hay que detenerse a pensar cómo era la piedad medieval y qué cambios la transformaron en los inicios de la modernidad.

La piedad medieval era una práctica religiosa que tenía tres grandes ejes: 1. Era una espiritualidad enfocada en el más allá. La gran preocupación de las personas era si, llegado el momento de su muerte (consideremos que las expectativas de vida no eran tan prolongadas como en nuestros tiempos), obtendrían la salvación eterna. 2. En segundo lugar, se trataba de una piedad corporativa; es decir, la salvación no era una cuestión que uno resolvía a solas con Dios, sino que era mediada por la pertenencia a la iglesia como gran cuerpo institucional y salvífico. 3. Era una piedad en la que la salvación no estaba segura, pues dependía en mayor medida de los actos de piedad del creyente y su aceptación por parte de Dios de esa entrega. Bajo esta triple mirada, podemos entender la elección de Carlos v para la hora de finalizar su vida. Era un movimiento enfocado al más allá, a la salvación mediada por la iglesia y al mérito religioso que pudiera asegurar el hallazgo en esa búsqueda.

Dado que el ideal religioso cristiano ordenaba en el medioevo todos los ámbitos de la vida humana individual y social, estas formas de piedad también regían la vida económica. Alejandro de Hales (1185–1245), en su *Suma Teológica*, había establecido que estaba prohibido el trabajo que busca *lucrum* (ganancia), y San Buenaventura (1217–1274), discípulo de aquél, remarcó que se encontraba prohibida la acumulación de riquezas y que solo era lícito la actividad productiva y el comercio que garantizara el *sustentatio* (sustento) y la obtención de bienes que sirvieran para obras de caridad. La idea básica que ordenaba el mundo económico medieval era que los intereses económicos y el esfuerzo por obtener ganancias debían estar subordinados a la preocupación por la salvación del alma. Las riquezas —si se obtenían—, en todo caso debían ser utilizadas para ese propósito por medio de la caridad y las donaciones a la iglesia. Estos paradigmas de pensamiento se adaptaban bien con la sociedad estática y rural del mundo feudal. Pero hacia el final del período, un conjunto de transformaciones sociales y económicas crearon realidades nuevas a las que había que dar otras respuestas.

En especial, en las ciudades surgieron nuevos grupos sociales asociados con actividades económicas tradicionales, como el artesanado o el comercio, pero que paulatinamente fueron alcanzando un desarrollo y escala nuevos. Creció el volumen de producción en algunos rubros como el textil y se desarrolló con mayor intensidad el comercio. Apareció así un medio social nuevo, la burguesía (de Burgo, poblado o ciudad). La economía se monetizó, el dinero metálico y, por lo tanto, su acumulación, el capital, pasaron a ser el nuevo elemento central de la economía desplazando a la tierra. Vale hacer notar que el oro y la plata que comenzaron a fluir desde la América en proceso de colonización, permitieron crear una masa de capital circulante que Europa nunca había conocido hasta allí, lo que dinamizó la disponibilidad de dinero.

Los burgueses lucharon desde las ciudades para obtener, de señores y príncipes, libertad para sus actividades; a cambio, podían hacerles préstamos para financiar sus proyectos militares o políticos. Apareció entonces la banca y una incipiente industria dependiente todavía de formas de producción tradicionales. Había surgido así una clase "capitalista", para la cual comenzaron a ser estimados un nuevo juego de valores: la libertad para el comercio, al principio, y luego también entendida en términos políticos y religiosos; la inversión y el riesgo, que permitían multiplicar la riqueza; el ahorro y la austeridad, que también la potenciaban. El trabajo fue revalorizado dentro de una nueva ascética que ya no estaba dirigida a salvar el alma para la otra vida, sino también a obtener mejores beneficios en ésta.

El protestantismo y el capitalismo para Max Weber

El sociólogo alemán Max Weber fue el primero en relacionar el nacimiento del protestantismo con el desarrollo capitalista. Weber sugirió que las ideas protestantes y, en especial, las del puritanismo calvinista con su énfasis en el trabajo, el ahorro y la honestidad, favorecían la búsqueda racional del beneficio, que sería el meollo del espíritu del capitalismo.

> Surge, pues la pregunta histórica: ¿Qué razón existió para esta especialmente marcada predisposición de las regiones económicamente más desarrolladas hacia una revolución eclesiástica? Y, la respuesta de ningún modo es tan sencilla como de pronto uno se imagina. Seguramente, el abandono del tradicionalismo económico se presenta como un momento que habrá tenido que fomentar también, y en forma muy sustancial, la tendencia a dudar de la tradición religiosa impulsando incluso a desafiar a las autoridades tradicionales. Pero en eso hay que tener presente algo que hoy con frecuencia se olvida: la Reforma no significó la eliminación de la hegemonía religiosa sobre la vida como tal sino, por el contrario, la suplantación de la forma de hegemonía que había imperado hasta entonces por otra diferente. Más aún; lo que hizo la Reforma fue sustituir una hegemonía cómoda, práctica, poco perceptible en aquellos tiempos y en muchos casos casi tan sólo formal, por una reglamentación estricta e infinitamente molesta, que invadió en la medida más amplia imaginable todas las esferas de la vida doméstica y pública [...]. (Max Weber. *La ética protestante y el espíritu del capitalismo*)
>
> En menor grado, aunque perceptible, la religiosidad cristiana hereje-sectaria de la Edad Media o que roza con el sectarismo es, si no una religiosidad de comerciantes, sí "burguesa"; y tanto más cuanto mayor era su carácter ético-racional. Todas las formas del protestantismo y sectarismo ascético occidental

y oriental: partidarios de Zwinglio, calvinistas, reformistas, baptistas, menonitas, cuáqueros, pietistas reformados y, con menor intensidad, pietistas luteranos, metodistas, lo mismo que las sectas rusas cismáticas y herejes, sobre todo las sectas racionales pietistas, entre ellas de un modo particular las de los stundistas y skopzos, se han unido siempre, por cierto de modo muy distinto pero de la manera más estrecha, con desarrollos económicos racionales —y allí donde fue posible desde el punto de vista económico— con el capitalismo. (Max Weber. *Economía y Sociedad*)

Vale la pena notar que los reformadores fueron muy críticos de las nuevas fuerzas capitalistas que ellos veían pulular aquí y allá. Eran conscientes de las transformaciones sociales y económicas que se estaban produciendo a gran velocidad en su propio tiempo y tuvieron profundas reservas sobre las formas que estaban tomando las relaciones económicas. En especial, les preocupaba el desaforado afán de lucro, el creciente materialismo y las nuevas formas de explotación que el capital podía imponer a los pobres. Escuchemos algunas de sus críticas opiniones:

Todo el mundo quiere ser comerciante y enriquecerse. De esto resultan las incontables artimañas y malos ardides que ya he perdido la esperanza de que esto pueda remediarse por completo.

Robar no implica solamente vaciar baúles o bolsas, sino también todo el comercio en el mercado, donde uno toma o da dinero a cambio de bienes o trabajo. Ahí dominan el poder y la violencia, ahí donde uno defrauda públicamente al otro con falsos artículos o medidas y con extrañas finanzas. (Martín Lutero)

He aquí cómo hacen a menudo los ricos: andan al acecho a fin de cercenar los haberes de la gente pobre cuando ésta no encuentra en qué emplearse. Este pobre está completamente desprovisto, piensa el rico; lo emplearé por un pedazo de pan, pues a pesar de su encono tendrá que entregarse a mí: le daré medio sueldo y aún deberá estar contento. Al utilizar semejante rigor, aunque no hayamos retenido el salario, siempre será crueldad, pues habremos defraudado a un hombre pobre. (Juan Calvino)

Por otra parte, ello no debe llevar a que la codicia ilimitada y desvergonzada de los usureros, encuentre un escondite o una coartada para aumentar y crecer tanto más, pues los cristianos deben pagar el interés de acuerdo al dictado de su conciencia. Quien ahora ha reconocido que imponerle intereses a otro va directamente en contra de Dios, y aún continúa haciéndolo, no debe hacerse pasar por cristiano. (Ulrico Zwinglio)

¿Bautizar al capitalismo?

Sería burdo e históricamente inexacto sostener que el protestantismo se desarrolló para darle una base religiosa (una legitimación religiosa, diría un espíritu crítico) a las nuevas fuerzas económicas que ya se habían desencadenado cuando la Reforma comenzó. Pero sí es cierto que algunos énfasis de la teología y la práctica de la fe evangélica se llevaban mejor con los nuevos vientos de la economía. Citemos dos conceptos, a modo de ejemplo: 1. El enfoque del creyente al realizar su vida en este mundo, ya que, desde el momento en que, habiendo conocido a Dios y recibido la salvación por fe y gracia, no puede hacer nada para asegurarla mejor en el más allá. Es decir, la obra que le queda por realizar es en este mundo, para que en su bendición quede en evidencia la salvación que ha recibido. 2. El individualismo y el espíritu emprendedor que derivan de él. La piedad evangélica es una piedad del individuo que, más allá de la iglesia, "trata" a solas con Dios. Es un emprendedor de la fe y, por lo tanto, lo puede ser también de la vida, utilizando una libertad nueva, no conocida en la espiritualidad tradicional. Podríamos decir que existió una especie de coincidencia histórica entre el capitalismo y el protestantismo; también que, muchas veces, los protestantes encontraron estas similitudes peligrosamente atrayentes, seductoras, con el riesgo de reducir a esa mediación el rico pensamiento cristiano sobre la vida económica y la ética de la justicia.

Preguntas para reflexionar en comunidad

✓ ¿Es la economía una dimensión consciente de nuestra ética cristiana?

✓ ¿Cómo podemos reflexionar críticamente a partir del evangelio sobre los sistemas económicos y los modelos de desarrollo en América Latina?

✓ ¿Podemos ser críticos sin ser retrógrados y abiertos a las formas que adquieren los intercambios contemporáneos sin perder la dimensión de la justicia?

✓ ¿Podemos establecer relaciones entre las formas de piedad contemporáneas y el espíritu del capitalismo actual?

✓ ¿Qué aspectos de los órdenes económicos actuales pueden ser criticados desde nuestra comprensión del evangelio?

Capítulo 10

Deportivo Emperador 1, Roma Papal 0 (la explicación política)

Muéstrenme una moneda romana.
¿De quién son esta imagen y esta inscripción?
Del césar —contestaron.
Entonces denle al césar lo que es del césar, y a Dios lo que es de Dios.

—Lucas 20.24

Vosotros sabéis que yo desciendo de los Emperadores muy cristianos
de la noble nación germana, de los Reyes Católicos de España,
de los Archiduques de Austria y los Duques de Borgoña,
todos los cuales fueron hasta su muerte hijos fieles de la Iglesia romana.
Y Yo, en favor de ella estoy resuelto íntegramente a emplear
todos mis reinos y señoríos, mis amigos, mi cuerpo,
mi sangre, mi vida y mi alma.

—Carlos v. Declaración en la dieta de Worms [1521]

Hasta que se fueron los herejes (Protestantes) de Augsburgo,
yo acepté que Vuestra Majestad hiciese fieras amenazas algunas veces;
pero ya que habéis visto que son palabras inútiles,
piense Vuestra Majestad que todos lo obedezcan y sirvan
cuando los necesitase, y no os deis un clavo
porque sus almas no vayan al infierno,
si quieren ser perros, séanlo, y cierre Vuestra Majestad los ojos,
pues no tenéis fuerza para el castigo ni manera alguna para sanarlos.
Conténtese su Majestad con que os sirvan y os sean fieles,

> *aunque para Dios sean peores que diablos...*
> *Vuestra conciencia es segura.*
> *Trabajad para que vuestro Estado no se pierda...*
> *De forma, señor, que es mi consejo que ya que no hay fuerzas para corregir,*
> *que hagáis del juego maña, y os alegréis con el hereje como con el católico,*
> *y le hagáis merced si se igualase con el cristiano en serviros...*
> *Quite ya Vuestra Majestad la fantasía de convertir almas a Dios.*
> *Ocupaos de aquí adelante, en convertir cuerpos a vuestra obediencia.*
> —García de Loysa y Mendoza. *Carta a Carlos* v [1530]

El 23 de junio de 1526 el papa Clemente VII —Julio de Médicis— publicaba un documento dirigido a limitar el creciente poder que estaba alcanzando el emperador Carlos v. Le recordaba los poderes indiscutibles e inviolables del papado y la supremacía espiritual y temporal que detentaba. El emperador no hizo esperar su respuesta y, en un trabajo que llevó el nombre de "Memorial de Granada", señaló que el vocabulario del pontífice no era "cristiano" y que su conducta debía ser corregida por él mismo y por un concilio que (de reunirse) podría llegar a considerar la destitución del papa. La confrontación que había comenzado en términos tan poco amables se agravó por la alianza del papa con Francisco i de Francia, el archienemigo del imperio que disputaba con aquél la influencia sobre el norte de Italia. La disputa derivó en acciones militares: rápidamente, las tropas imperiales se hicieron con el dominio del norte de la península venciendo a Francia y a sus aliados italianos. Pero un imprevisto agravó las cosas. Las arcas imperiales quedaron vacías, lo que impidió pagar los sueldos de los tercios españoles y alemanes. De manera que éstos se amotinaron y obligaron a su comandante Carlos iii de Borbón a marchar sobre Roma.

El 6 de mayo de 1527, las tropas imperiales iniciaron el asedio de la ciudad, que cayó rápidamente; pero durante el ataque otro imponderable volvió a agravar la situación: el jefe de las fuerzas imperiales, Carlos iii, cayó muerto por la bala de un arcabuz papal. Esto llenó de furia a los atacantes, que iniciaron una verdadera carnicería, que se conoce hasta hoy como el "Saqueo de Roma". Los atacantes entraron en la mismísima basílica de San Pedro en busca de vengarse en el papa Clemente de las pérdidas sufridas, pero éste salvó (¿milagrosamente?) la vida por la valiente entrega de los miembros de su guardia suiza, que murieron peleando sobre el mismo altar, mientras el pontífice lograba escapar por un pasadizo hacia el castillo de Santángelo. Al fin de cuentas, Clemente tuvo que capitular, pagando un abultado rescate; la ciudad quedó devastada y el Renacimiento llegó a su fin, por lo menos en la Ciudad Eterna. El papa se cuidó muy bien desde allí de no contradecir al cristiano emperador.

Por las vueltas y revueltas de la historia, la recientemente adquirida prudencia del papa, tendría imponderables consecuencias para la Reforma, por los desvelos que padecía por aquellos días otro monarca europeo, don Enrique VIII, rey de Inglaterra. Enrique estaba casado con Catalina de Aragón, que era nada menos que la tía de Carlos V, sí, el mismísimo emperador. A su vez, Catalina había estado casada con el hermano de Enrique, Arturo, que murió precozmente. Ya una dispensa papal había hecho falta para autorizar el casamiento entre Catalina y Enrique; ahora, el rey de Inglaterra buscaba otra que le permitiera separarse de Catalina (anular el matrimonio, en realidad), quien no le había dado el hijo varón que pudiera asegurar su corona y la dinastía de los Tudor. El argumento oficial era que la dispensa papal original había sido emitida sin considerar todas las circunstancias: ahora el rey pensaba que su matrimonio con Catalina era contrario a la fe y, por lo tanto, mostraba graves escrúpulos de conciencia. Se evitaba mencionar en las peticiones algo que todo el mundo sabía: el romance del rey con la ambiciosa Ana Bolena, quien, mientras tanto, ya se probaba la corona de reina.

Solo algunos años antes, Enrique había mostrado su fidelidad al papa en contra de los protestantes al hacer redactar por sus teólogos un escrito refutando las obras de Lutero de 1520, llamado "Defensa de los siete sacramentos", lo que hizo que el papa le otorgara el título de "Defensor de la Fe". Pero para 1527, como vimos, la situación del papado había dado un vuelco dramático. No parecía estar el papa en condiciones de permitirle al monarca inglés que repudiara a la tía del emperador. El papa llevó las cosas a todo lo largas que pudo, pero Enrique se impacientó y decidió actuar por las suyas. En 1529 removió a los funcionarios que llevaban adelante la estrategia de negociar con Roma e inició un proceso de reformas eclesiásticas que lo llevarían a ser el jefe directo de la iglesia de Inglaterra. Creó una iglesia nacional independiente de Roma, se hizo nombrar su jefe, pasó a la órbita estatal todas las tierras de los monasterios… y anuló su matrimonio con Catalina. Pero Enrique no se convirtió a las ideas reformadas. Aprovechó la fuerza de la Reforma para lograr sus metas políticas y personales, pero en materia eclesiástica y teológica limitó los cambios que los protestantes ingleses proponían. Recién con sus sucesores (Eduardo VI e Isabel I) las ideas reformadas irían encontrando lugar en el seno de la iglesia de Inglaterra, que terminaría alineada en el campo "protestante".

La Reforma como cuestión "nacional"

En tiempos pasados, los emperadores y príncipes alemanes consentían en que el Papa cobrase las anatas sobre todos los feudos de la nación alemana, esto es, la mitad de los ingresos del primer año sobre todo feudo. Empero ese permiso se dio con el fin de que mediante tan elevadas sumas el papa reuniera un tesoro para luchar contra los turcos y los infieles, y proteger la cristiandad para que a la nobleza no le resultase tan difícil luchar ella sola, sino que los sacerdotes cooperasen también. De tal intención buena e ingenua de la nación alemana se aprovecharon los papas para cobrar ese dinero hasta ahora o sea por espacio de más de cien años, e hicieron de ello una contribución y un impuesto debidos y obligatorios. No sólo no atesoraron nada, sino que con ese dinero fundaron muchos cargos y empleos en Roma para pagar los sueldos anuales, como si se tratara de una contribución hereditaria. Ahora bien: cuando pretenden luchar contra los turcos promulgan mensajes para reunir dinero. Muchas veces también publican indulgencias con el pretexto mismo de luchar contra los turcos. Creen que los locos alemanes seguirán siendo eterna e incansablemente unos perfectos tontos, y que así continuarán dando dinero para satisfacer la inefable avaricia del Papa. Sin embargo, vemos claramente que ni de las anatas ni del dinero de las indulgencias, ni de nada se asigna céntimo alguno para luchar contra los turcos, sino que todo va a la bolsa sin fondo. Mienten y engañan; estipulan y celebran convenios con nosotros de los cuales no piensan cumplir un ápice. Todo ello lo debe encubrir después el santo nombre de Cristo o de San Pedro. En este caso, la nación alemana, los obispos y los príncipes deberían tenerse también por cristianos y gobernar y defender al pueblo que se les encomienda en sus bienes espirituales y temporales y protegerlos de tales lobos voraces, que vienen vestidos de ovejas como pastores y gobernadores. Y como los romanos abusan ignominiosamente de las anatas y no han cumplido con lo convenido, los príncipes no deberían permitir que ellos maltratasen y destruyesen sus países y sus pueblos sin derecho alguno, sino que mediante una ley imperial o de toda la nación deberían retener las anatas o volver a abolirlas. (Martín Lutero. *A la nobleza cristiana de la nación alemana* [1520])

¿La política de Dios?

La explicación política es importante, pues logra dar cuenta de diversos aspectos de la Reforma protestante. Tratemos de ordenar brevemente algunos de ellos:

En primer lugar, explica por qué la Reforma se arraigó rápidamente entre los príncipes alemanes o las ciudades autónomas suizas y alemanas. En especial, explica por qué el pueblo en esos Estados tuvo una respuesta favorable hacia las nuevas ideas, incluso una respuesta eufóricamente "nacionalista". El desafío de los reformadores al papado fue visto como la reivindicación de los derechos de los pueblos ante un poder extranjero con pretensiones de dominio universal. De por sí, la autoridad del imperio, que también se extendía sobre esos territorios, lo hacía en una compleja trama de negociaciones y de reconocimiento de fueros locales que el emperador no podía violentar. En el caso del poder papal, éste era resistido por muchas de las razones que hemos expuesto antes al describir los problemas acumulados en la iglesia medieval, pero, en especial, porque se sabía que la percepción de los diezmos y otras contribuciones (obligatorias) a la iglesia eran utilizados para excéntricos proyectos arquitectónicos en la ciudad eterna. Si bien para el siglo XVI aún faltaba bastante para que se gestase una conciencia nacional de los pueblos europeos, ésta no se hallaba completamente ausente de su horizonte.

En segundo lugar, la explicación política permite comprender por qué la Reforma no pudo ser detenida, domesticada o cooptada, como en otras ocasiones en que se había iniciado. La realidad política de Europa a comienzos del siglo XVI comenzaba a otorgar a ciertos Estados un nivel de libertad y autonomía de la que no habían gozado siquiera un siglo atrás. El mismísimo emperador era impotente para disciplinar a sus súbditos alemanes: o los aceptaba como súbditos con otra confesión o los perdía como tales tratando de mantenerlos fieles al papa. Finalmente, se vio obligado a aceptar la primera y más pragmática opción. Otro tanto puede decirse del camino elegido por otras naciones como Inglaterra. Allí vemos también triunfar al pragmatismo político que encuentra una oportunidad para sacudirse el yugo romano y encarar una política que podríamos llamar "nacional". Justamente, ese incipiente sentido de nación que comenzaba a nacer aquí y allá, era una fuerza que se movía en la misma dirección que una reforma que —entre otras cosas— aportaba argumentos teológicos, éticos y morales para romper con Roma.

Por último, por más que el Imperio se llamara "Sacro Imperio Romano-Germánico" y reivindicara una y otra vez su carácter católico, también era un poder antagónico al papado. Por lo menos, no eran lo mismo ni defendían exactamente los mismos intereses. El papado romano tenía su propia política "terrenal", que competía con la del emperador e incluso se le oponía abiertamente. Ese combate a veces sordo, en ocasiones abierto, ya diplomático, ya militar, venía librándose desde el año 800 d. C., cuando la iglesia coronó emperador cristiano a Carlomagno. Se inició allí lo que se dio en llamar la disputa de las "dos espadas" (con la que Dios gobernaría el mundo), la secular (el imperio) y la espiritual (el papado/la iglesia). ¿Pero cuál de ellas era superior o tenía primacía sobre la otra? Es importante señalar aquí que el complejo problema de las relaciones entre la Iglesia y el Estado también se constituyó en una fuente de debates y conflictos para el campo reformado y recibió soluciones y respuestas muy diversas. Lo que quedaba claro para el siglo XVI es que el emperador no podía pensar solo en derrotar a los protestantes, sino también a su antiguo oponente: el papado. También comenzaba a quedar claro que en los inicios de la modernidad, el poder secular comenzaba a ganar con claridad ese largo partido.

Preguntas para reflexionar en comunidad

✓ ¿Es la política mala palabra en nuestra comunidad? ¿Por qué?

✓ ¿De qué modo la política se convierte en una dimensión de la fe?

✓ ¿Tuvo el ministerio de Jesús una dimensión política? ¿Podemos poner ejemplos?

✓ ¿Cómo manejamos como comunidad el vínculo con la política local o nacional?

✓ ¿Es un aspecto de nuestra vida sobre lo que podamos debatir sin enfrentarnos?

✓ ¿De qué modo nuestra comprensión del evangelio puede enriquecer nuestras concepciones políticas?

Capítulo 11

Ideas cuadradas para un mundo redondo (la explicación teológica)

Tengan presente que la paciencia de nuestro Señor significa salvación,
tal como les escribió también nuestro querido hermano Pablo,
con la sabiduría que Dios le dio.
En todas sus cartas se refiere a estos mismos temas.
Hay en ellas algunos puntos difíciles de entender,
que los ignorantes e inconstantes tergiversan, como lo hacen también
con las demás Escrituras, para su propia perdición.

—2 Pedro 3.15–16

Ahora bien, ¿te imaginas cómo nos mirarían a la cara en el día del juicio
y ante el trono de Cristo estos hombres que por sus escritos
han hecho creer al rey y a otras autoridades como pura verdad
tales groseras mentiras? Cristo, Señor y juez de todos nosotros,
sabe muy bien que mienten y que han mentido.
Tendrán que escuchar en su oportunidad el juicio; lo sé ciertamente.
En cuanto a los otros, sólo será su destino pena y dolor eternos.
Para volver a mi tema, deseo expresar que me agradaría ver ciertamente
que se celebrase un verdadero concilio, con el cual se ayudaría
a muchas cosas y personas. Nosotros no lo necesitamos,
pues nuestras iglesias están ahora iluminadas y provistas
por la Gracia de Dios con la palabra pura y el recto uso del Sacramento,
con el conocimiento de todos los estados, y las obras buenas,
de tal modo que por nuestra parte no buscamos ningún concilio
y en lo que se refiere a estas materias no podemos esperar

> *ni estar a la expectativa de nada mejor del concilio.*
> *Pero ahí vemos en todas partes en los obispados parroquias vacías*
> *y desiertas que el corazón se le parte a uno. Y, sin embargo,*
> *no se preguntan ni los obispos ni los canónigos cómo vive*
> *o muere la pobre gente, por la que, no obstante, murió Cristo,*
> *y a quien no quieren permitir que le oigan hablar con ellos*
> *como el buen pastor con sus ovejas. Me atemoriza*
> *y aterroriza el pensar que alguna vez haga pasar sobre Alemania*
> *un concilio de ángeles que nos destruya a todos desde la raíz,*
> *como Sodoma y Gomorra, puesto que nos burlamos*
> *tan insolentemente de El bajo el pretexto del concilio.*
> —Martín Lutero. "Prólogo" *Los Artículos de Esmalcalda* [1537]

> *Como la naturaleza humana no puede elevarse fácilmente*
> *a las cosas divinas sin una ayuda exterior, la iglesia, en su bondad,*
> *ha instituido diversos ritos, ciertas palabras de la misa,*
> *serán pronunciadas en voz baja, otras en voz alta.*
> *La Iglesia ha provisto ceremonias apropiadas, bendiciones,*
> *luces, incienso, vestimentas y muchas otras cosas*
> *que proceden de la disciplina y la tradición apostólica.*
> *Por estos signos visibles de la religión y de la piedad,*
> *al tiempo que recuerda la majestad de tan gran sacrificio,*
> *los espíritus de los fieles se elevan*
> *a la contemplación de las realidades celestiales ocultas en este sacrificio.*
> —Decreto de la Sesión XXVI del Concilio de Trento [1545]

El 16 de abril de 1521, llegaba a la ciudad alemana de Worms un ya famoso monje Martín Lutero. Arribaba nada más y nada menos que para comparecer ante la Dieta Imperial del Sacro Imperio Romano Germánico, presidida por el recientemente electo emperador Carlos V. Las Dietas eran las asambleas en las que los diversos estratos sociales y políticos que constituían el Imperio se reunían con su monarca para considerar los temas de interés común. No se trataba de una asamblea parlamentaria al estilo moderno; los participantes no representaban al "pueblo", aunque más no fuera de manera ficticia, sino a cada uno de los Estados imperiales laicos y eclesiásticos que no reconocían otra autoridad más que al emperador mismo: se trataba de una asamblea de Estados feudales. El partido papal con el que Lutero combatía desde 1517, había tratado de evitar que el emperador le diera audiencia en la Dieta, pero los príncipes alemanes (que entre otras cosas eran los recientes electores del emperador) terciaron en la discusión y lograron que Lutero fuera escuchado.

La ocasión tenía un antecedente funesto: casi un siglo antes, el reformador bohemio Juan Huss había participado en similares circunstancias en el Concilio de Constanza (1414–1418) para defender su pensamiento y escritos que contenían críticas al poder papal y a la doctrina oficial en varios puntos. Si bien contaba con un salvoconducto imperial, fue condenado a la hoguera el 6 de julio de 1415. Así es que, para Lutero, estar parado ante la Dieta no debió parecerle un lugar muy seguro. No obstante, compareció por primera vez ante la asamblea que funcionaba en el palacio obispal de la ciudad, el 17 de abril por la tarde. Dirigía la audiencia el obispo de la ciudad de Tréveris, Johannes von Eck, quien hizo a Lutero dos simples preguntas: 1. ¿Reconocía como suyos los libros publicados con su nombre —y que estaban allí a la vista—? 2. En tal caso, ¿estaba dispuesto a retractarse de su contenido?

Lutero respondió la primera pregunta, con mucha convicción, que sí, que esos libros eran de su autoría y que, además, notaba la falta de algunos otros que él también había escrito. Pero, en cuanto a la segunda pregunta, sorpresivamente (pues todos sabían y Lutero también de qué iba la cosa) pidió un tiempo para reflexionar. A regañadientes se lo concedieron y se estableció un cuarto intermedio hasta el día siguiente a las seis de la tarde. En esa segunda ocasión, ante una sala colmada de nobles, príncipes y diplomáticos, Lutero, hablando primero en alemán y luego en latín, dijo que no podía retractarse de sus escritos a menos que alguien le demostrase por medio de las Sagradas Escrituras que estaba equivocado. Incluso se atrevió a recordar el antecedente de Huss, al decir que estaba dispuesto a morir quemado antes de contradecir lo que la Biblia enseñaba. Al final de una larga discusión que a continuación se produjo, parece que es donde hay que ubicar su famosa frase: "Aquí me planto, que Dios me ayude", con la que no sólo se cerró aquella escena de película, sino que se selló buena parte del destino de la Reforma.

Es un detalle sumamente interesante el hecho de que durante su alocución en aquella legendaria asamblea Lutero le dijera al emperador Carlos v, que lo que estaba en juego era un problema doctrinal, que no debía por lo tanto ventilarse en una Dieta civil, sino en un concilio teológico. Es decir, de algún modo Lutero se adhirió en aquella oportunidad a la explicación teológica para dar cuenta de lo que estaba sucediendo (al fin de cuentas, era teólogo y no podía evitar pensar que la teología lo era todo). Es que una de las explicaciones más comunes para la Reforma protestante ha sido la de que los reformadores vinieron a recuperar la sana doctrina cristiana deformada por la iglesia medieval y que, por lo tanto, la verdadera explicación de la Reforma (y para muchos única) estribaba en la necesidad de recuperar el evangelio de Jesucristo frente a los errores doctrinales por los que la iglesia se había desviado. Esta explicación resulta tan obvia y tan aceptada que no parece merecer ulteriores aportes. Sin embargo, analizándola con mayor detalle, quizás sea posible extraer algunas enriquecedoras reflexiones.

Lutero, reformador católico

Martín Lutero no era en modo alguno en sus inicios el rebelde no católico en el que han querido convertirlo durante siglos la polémica romana y la historiografía de la iglesia. Más recientemente, historiadores católicos como Joseph Lorts han sacado a la luz al Lutero católico. Estos estudiosos han mostrado cómo la concepción de Lutero sobre la justificación del pecador tenía sus raíces en la piedad católica, cómo se centraba en el Cristo crucificado que Lutero había conocido en su monasterio agustino; cómo la teología de Agustín abrió los ojos de

Lutero a la corrupción del pecado como egoísmo humano y la perversión del propio ser, pero también a la omnipotencia de la gracia de Dios, que se conjugaba con el misticismo medieval y su sentido de la humildad y la llaneza ante Dios, a quien se debía todo honor. Incluso las raíces de Lutero en el ockhamismo del estudioso de Tubinga Gabriel Biel, cuyo pupilo B. A. von Umgden era maestro de Lutero, se ve ahora bajo un prisma positivo: la comprensión de la gracia como don de Dios, el caso de la justificación como un caso de juicio, que reside en la aceptación por parte de hombres y mujeres de una libre elección divina que no está fundada en ellos.

Así pues, Lutero, que en muchos aspectos tenía sus raíces en la tradición católica, no debería en modo alguno haber sido condenado radicalmente como no católico. Pero la comisión del Vaticano, que estaba formada casi enteramente por juristas canónicos, no deseaba ni era capaz de ver qué había en común entre él y la tradición católica. Sin embargo, la discusión crítica no versa solo sobre el 'Lutero católico' —un Lutero que sigue siendo católico—, sino también sobre el Lutero reformista, quien junto a Pablo y Agustín atacó la escolástica y el aristotelismo. Aquí el criterio para el juicio no puede ser simplemente el contrarreformista concilio de Trento, la teología de la alta escolástica o la patrística griega y latina; en último término, las Escrituras, el Evangelio, el mensaje cristiano original, debe constituir el criterio principal, fundamental permanente de cualquier teología cristiana, incluida la teología católica. (Hans Kung, *La Iglesia Católica)*

La primera conclusión que a esta altura de la historia va quedando clara, es que Lutero no rompió con toda la tradición teológica de la iglesia (que a partir de la Reforma llamaremos inevitablemente *Católica Romana).* Es sabido que Lutero no tenía la pretensión de formar una iglesia aparte —ni mucho menos— como sucedió trágicamente: que una iglesia llevara su apellido en sus títulos. Esos fueron avatares de la historia, pues, producida la ruptura, como sucede también en la más pedestre vida cotidiana, las partes en conflicto, una vez separadas, tienden a agigantar sus diferencias en parte para justificar la ruptura y convencer a todos que son los únicos que tienen la razón y la verdad. Así sucedió con la Reforma y la Contrarreforma católica, el Concilio de Trento, las excomuniones y los anatemas recíprocos que llegaron incluso a la violencia más inaceptable de la guerra de religiones...¡¡entre cristianos!! Hay que constatar la triste verdad de que a ambos lados del cisma la Reforma dejó un indeseable resultado. Una actitud de cerrazón mental hacia los otros y una desmedida importancia asignada a las cuestiones dogmáticas por sobre las vivenciales y espirituales. Sostener la doctrina correcta llegó a ser más importante que vivir la vida adecuada. El antiprotestantismo católico y el anticatolicismo protestante deben ser vistos como parte del trágico mal entendido de lo que realmente estaba en juego y sobre quiénes eran los jugadores.

En realidad, Lutero estaba rompiendo con la más reciente (si por reciente pensamos en algunos siglos) tradición medieval sobre la monarquía papal y con algunas de la formulaciones tomistas-aristotélicas del pensamiento escolástico, que habían permitido elaboraciones sobre Dios y la salvación que se llevaban de patadas con otras tradiciones de la iglesia más antiguas y mejor conectadas con el evangelio (por ejemplo, las de la teología agustiniana). Rompía, más precisamente, incluso, con la aplicación arbitraria y caprichosa de la jerarquía eclesiástica de aquellas elaboraciones teológicas para beneficio de la política papal. Invenciones litúrgicas, dogmáticas, canónicas, que se sustentaban en la más funesta de todas: que el papa, además de ser una especie de monarca universal, era en cuestiones de fe el único capaz de interpretar las Escrituras adecuadamente. Es decir, Lutero era un católico tratando de que su iglesia fuera reformada y retomara a sus fuentes abandonando así las "novedades" que la habían alejado de su verdadero centro. Se trataba de un nuevo paradigma teológico, pero que reorientaba y resignificaba los grandes tópicos del pensamiento cristiano. Era una revitalización de conceptos tan básicos, "católicos" y poderosos como Biblia, Cristo, fe, gracia, pecado, justificación y salvación. De allí su revolucionario impacto.

No cualquier teología sirve

Uno de los argumentos más fuertes utilizados por los reformadores era que los usos y prácticas de la iglesia en el tardo medioevo, incluyendo muchas de sus enseñanzas se habían apartado del verdadero evangelio. Pero no solo de lo que enseñaba aquel primigenio grupo de pescadores del mar de Galilea, o de la llamada iglesia primitiva y su aura de comunidad ideal y perfecta, sino que, más bien, la deriva de la iglesia hacia un modelo monárquico y clerical la había distanciado de su propia tradición teológica del período patrístico e incluso de otros aportes posteriores que seguían aquellas ideas. Pero una mirada unilateral y desinformada llevó a tirar el agua con el niño y todo. Como si los recursos teológicos con los que los reformadores se levantaron contra el error no provinieran de la misma rica historia de la iglesia a la que querían renovar. Hasta el día de hoy, posturas extremistas tanto entre católicos o protestantes no logran ver en sus oponentes más que apostasía, perdiendo de vista la enorme riqueza de cada una de esas tradiciones y también de la historia común antes de la ruptura.

El pensamiento cristiano en la historia de la iglesia es tan amplio y rico que resulta prácticamente inabarcable para cualquiera que quisiera dar cuenta de su totalidad. Sería un error pensar que lo que los reformadores nos proponían era reducirlo o empobrecerlo a unas pocas ideas para ser repetidas en forma mecánica. Cuando vemos la formación que la mayoría de ellos tuvieron y leemos sus obras, descubrimos la rica herencia teológica de la que se habían beneficiado. Es un hecho evidente que para los padres de la Reforma, la explicación teológica era sin duda la más importante para explicar la necesidad de un cambio de base y de orientación para la iglesia. Pero este cambio tenía que ver con recuperar el centro del mensaje cristiano según la Biblia lo expresa. Recuperar la centralidad de Cristo, de la fe, de la gracia y de las Escrituras era la condición *sine qua non* para una reforma profunda de la vida eclesial. En el fondo, lo que estaban diciendo los reformadores era que, adoptada esa perspectiva y esos ejes, no cualquier teología sirve.

Preguntas para reflexionar en comunidad

✓ ¿Qué valoramos más como comunidad de fe, estar en lo cierto o vivir la novedad de vida del evangelio?

✓ ¿Qué actitud asumimos hacia personas o grupos que tienen ideas teológicas o filosóficas diferentes a las nuestras?

✓ ¿Podemos valorar los aportes teológicos y espirituales de otras tradiciones de fe?

✓ ¿Hemos caído en creer que somos los únicos que tenemos la verdad?

✓ ¿Qué es más importante: tener razón o amar?

✓ ¿Podemos repensar la polémica catolicismo/protestantismo con los nuevos ojos de nuestro tiempo?

Tercera parte

De la Reforma a las reformas

*Pero la tercera forma,
la verdadera naturaleza que debería tener el orden evangélico,
no debería transcurrir en forma tan pública en la plaza,
ante todo el pueblo,
sino que aquellos que desean con seriedad ser cristianos,
y confesar el evangelio con la mano y la boca,
deberían anotarse con su nombre y reunirse solos,
por ejemplo, en una casa para orar, para leer, para bautizar,
para recibir el sacramento y realizar otras obras cristianas.
En este ordenamiento podría conocerse,*

castigarse, reformarse, expulsarse o someterse a la excomunión
según la regla de Cristo (Mt 18.15)
a quienes no se comportaran como cristianos.

Ahí podría imponerse también una limosna común a los cristianos,
que se daría voluntariamente y se repartiría entre los pobres
según el ejemplo de San Pablo (2Co 9.1–2, 12).
No necesitaría mucho canto, ni canto muy importante.
También se podría utilizar una fórmula breve y justa
para el bautismo y el sacramento y orientar todo
hacia la Palabra, la oración y el amor.
Habría que tener para ella un catecismo bueno y breve
acerca de la fe, los Diez Mandamientos y el Padre Nuestro.
En una palabra, si se contara con la gente y las personas
que desearan seriamente ser cristianas
no se tardaría en establecer los ordenamientos y las formas.

Pero yo no puedo ni debo organizar o establecer
una comunidad o congregación como esa.
Porque aún no cuento con gente y con personas para eso.
Pero si llegara a suceder que yo tuviera que hacerlo
y me viera compelido a ello
(al punto) de no poder omitirlo con la conciencia tranquila,
haré de buen grado lo que esté de mi parte y ayudaré lo mejor que pueda.

—Martín Lutero
Del tercer orden del culto [1526]

En varias ocasiones en este libro hemos hablado de diversidad, haciendo referencia a la dificultad de dar cuenta de todas las expresiones o experiencias a que dio lugar la Reforma. En la sección que sigue, queremos profundizar esta cuestión para tratar de describir las diversas vertientes en que se expresaron los anhelos de ver transformada la iglesia medieval. La brevedad de este trabajo nos impide ser exhaustivos, y el lector interesado podrá encontrar en la bibliografía material para un estudio más detallado de las corrientes que mencionamos aquí y de las que omitimos. En este caso, concentraremos nuestro interés en las corrientes reformadas que llamamos "Oficial" o "Magisterial". Es decir, aquellas que se desarrollaron con el apoyo de los príncipes o de otras formas estatales. En este punto, solo trataremos las dos de mayor alcance e influencia: la luterana y la calvinista, con algunas referencias a otras experiencias similares. Luego consideraremos la rica y variada tradición del anabaptismo, considerándola en dos capítulos que apenas alcanzarán para despertar en el lector el deseo de profundizar el tema con otras investigaciones posteriores. Lo que queremos mostrar es que desde sus inicios la Reforma fue un fenómeno atravesado por la diversidad de pensamiento y de formas en las que se plasmaba el anhelo de vivir la verdadera fe. Esa diversidad surgía a un tiempo de cómo se comprendían las verdades de la fe y qué soluciones se adoptaban ante los problemas que enfrentaban las nuevas iglesias. El resultado es hoy para nosotros rico en disparadores para reflexionar sobre nuestras propias concepciones acerca del evangelio y la iglesia.

Capítulo 12

¿Qué hacemos con el Estado? o "La Reforma Oficial"

*Todos deben someterse a las autoridades públicas,
pues no hay autoridad que Dios no haya dispuesto,
así que las que existen fueron establecidas por él.
Por lo tanto, todo el que se opone a la autoridad se rebela
contra lo que Dios ha instituido. Los que así proceden recibirán castigo.
Porque los gobernantes no están para infundir terror
a los que hacen lo bueno, sino a los que hacen lo malo.
¿Quieres librarte del miedo a la autoridad?
Haz lo bueno, y tendrás su aprobación, pues está al servicio de Dios
para tu bien. Pero, si haces lo malo, entonces debes tener miedo.
No en vano lleva la espada, pues está al servicio de Dios
para impartir justicia y castigar al malhechor.
Así que, es necesario someterse a las autoridades
no solo para evitar el castigo, sino también por razones de conciencia.*

—Romanos 13.1–5

*Para no tropezar en esta piedra, advirtamos que hay
un doble régimen del hombre: uno espiritual, mediante el cual
se instruye la conciencia en la piedad y el culto de Dios;
el otro político, por el cual el hombre es instruido en sus obligaciones
y deberes de humanidad y educación que deben presidir
las relaciones humanas. Corrientemente se suelen llamar
jurisdicción espiritual y jurisdicción temporal; nombres muy apropiados,
con los que se da a entender que la primera clase de régimen
se refiere a la vida del alma, y la otra se aplica a las cosas de este mundo;*

> *no solamente para mantener y vestir a los hombres,*
> *sino que además prescribe leyes mediante las cuales puedan vivir*
> *con sus semejantes santa, honesta y modestamente.*
> *Porque la primera tiene su asiento en el alma;*
> *en cambio la otra solamente se preocupa de las costumbres exteriores.*
> *A lo primero podemos llamar reino espiritual;*
> *a lo otro, reino político o civil.*
>
> —Juan Calvino. *Institución de la Religión Cristiana*

El 1 de octubre de 1529 se reunieron en el castillo de Margburgo, principado de Hesse, en Alemania, algunos de los líderes más importantes de la Reforma de ese momento. Estaban presentes Martín Lutero, Ulrico Zwinglio, Juan Ecolampadio, Juan Brenz, Martin Bucero, Andreas Osiander, Caspar Hedio y Wolfgang Capito, entre otros. La reunión se había convocado para que se pudiera llegar a un acuerdo sobre la Eucaristía o Cena del Señor entre la posición de Lutero y la de Zwinglio. En esos peligrosos años de los inicios de la Reforma, había una necesidad de unificar y cohesionar al movimiento. Esta meta se podía lograr si las iglesias protestantes de Suiza y Alemania lograban alcanzar un acuerdo acerca de sus credos en temas fundamentales. Los debates duraron cuatro días y terminaron en fracaso. Por momentos, la discusión se hizo tan urticante que Lutero llegó a sugerir que los reformadores suizos no eran hermanos. Cuenta la historia/leyenda, que al final del encuentro y visto que no era posible ponerse de acuerdo, Zwinglo se levantó de la mesa y con lágrimas en los ojos, se acercó a Lutero para extenderle la mano en señal de amor fraternal, pero Lutero rehusó estrecharla. El de la Cena del Señor fue uno de los debates más encendidos e infructuosos en el campo protestante, tanto así que el diplomático y aristócrata alemán Kaspar von Schewenkfeld sugirió que las iglesias protestantes debían suspender la celebración de la Cena hasta tanto no hubiera un concilio protestante que encontrara una fórmula común para interpretar su sentido. El debate de Margburgo ponía en evidencia cierto candoroso optimismo de don Kaspar.

Cuando leemos (aunque más no sea superficialmente) la historia de la Reforma, debemos llegar a la conclusión de que no hubo una Reforma, sino muchas. De allí que, si hay un trabajo arduo a la hora de hablar del protestantismo o de las iglesias evangélicas, es clasificarlas y ordenarlas según ideas, corrientes, prácticas, doctrinas o lo que fuera. Pero, aunque esta sea una tarea prácticamente imposible y sus resultados siempre imprecisos y debatibles, es mejor para comprender un fenómeno una clasificación imperfecta que ninguna. Si pensamos en grandes corrientes o tradiciones en la Reforma, la primera que emerge es la que llevará el nombre más apropiado de "Protestantismo". El nombre se fijó a partir de un evento de la historia. En 1526, el emperador Carlos v había convocado la primera Dieta de Spira, tratando de ganarse el favor de los príncipes luteranos para sumarlos a la guerra contra los turcos que amenazaban Viena. Para ello, en esa reunión se dejó sin efecto el edicto que se había sancionado en Worms (1521), por el que se prohibía la predicación luterana y se la declaraba ilegal. Pero, para 1529 y pasada la emergencia por la invasión de los turcos, Carlos quiso volver a su lucha de unificación religiosa del imperio y convocó a Spira II. En esta nueva asamblea, se votó la propuesta de restablecer el edicto de Worms y desarmar los avances realizados en aras de cierta tolerancia religiosa en el Imperio. Ante esto, los príncipes adheridos a la prédica de Lutero redactaron rápidamente una "Protesta" formal, que presentaron a la asamblea, ganándose así un involuntario mote que se haría fama: protestantes.

Los protestantes… protestan

"Protestamos por medio de este manifiesto, ante Dios, nuestro único Creador, Conservador, Redentor y Salvador, y que un día será nuestro Juez, como también ante todos los hombres y todas las criaturas, y hacemos presente, que nosotros, en nuestro nombre, y por nuestro pueblo, no daremos nuestro consentimiento ni nuestra adhesión de manera alguna al propuesto decreto, en todo aquello que sea contrario a Dios, a su santa Palabra, a los derechos de nuestra conciencia, y a la salvación de nuestras almas.

¡Cómo! ¿Ratificar nosotros este edicto? No podemos admitir que cuando el Dios Todopoderoso llame a un hombre a su conocimiento, no se le permita abrazar este conocimiento divino. No hay doctrina verdadera sino la que esté conforme con la Palabra de Dios... El Señor prohíbe la enseñanza de cualquiera otra doctrina.... Las Santas Escrituras deberían explicarse con otros textos más claros . . . este santo Libro es, en todo cuanto es necesario al cristiano, de fácil interpretación, y propio para suministrar luces. Estamos resueltos, por la gracia divina, a mantener la predicación pura y exclusiva de la Palabra de Dios sola, tal como la contienen los libros bíblicos del Antiguo y Nuevo Testamentos, sin alteraciones de ninguna especie. Esta Palabra es la única verdad; es la regla segura de toda doctrina y de toda vida, y no puede faltar ni engañarnos. El que edifica sobre este fundamento estará firme contra todos los poderes del infierno, mientras que cuanta vanidad se le oponga caerá delante de Dios.

Por tanto, rechazamos el yugo que se nos impone. Al mismo tiempo esperamos que su majestad imperial se portará con nosotros como príncipe cristiano que ama a Dios sobre todas las cosas, y declaramos que estamos dispuestos a prestarle a él lo mismo que a vosotros, graciosos y dignísimos señores, todo el afecto y la obediencia que creemos deberos en justicia". (*Declaración de los príncipes alemanes a la Dieta de Spira* [1529])

Esta anécdota sobre príncipes luchando por sus derechos adquiridos frente al emperador sirve bien para ilustrar esta primera corriente reformadora que queremos identificar y describir. Se la ha denominado con razón Reforma Magisterial, del latín *magistratus*, es decir, aquellos que ejercen una magistratura: príncipes, duques, marqueses, reyes, etc. Es la Reforma que se hizo de la mano de los príncipes, con su aprobación y su respaldo. Y no solo príncipes, pues como ya dijimos, en esta región del mundo y en la época, había ciudades autónomas que tenían un gobierno burgués local y que, en muchos casos, adoptaron oficialmente la Reforma y la respaldaron desde su poder civil (Nüremberg, Augsburgo, Estrasburgo, Zurich, Ginebra y muchas otras). En suma, hablamos de reforma magisterial o reforma oficial cuando un poder civil adopta las ideas reformadas y las impone sobre un territorio. Los grandes exponentes teológicos de estas corrientes han sido Martín Lutero, Ulrico Zwinglio y Juan Calvino; su teología, de alguna manera, generó los grandes sistemas teológicos que influyeron poderosamente sobre otras corrientes del movimiento evangélico.

Allí aparece otra cuestión en la que hay que detenerse para comprender esta corriente. La Reforma Magisterial constituyó iglesias "nacionales"; es decir, que estaban circunscriptas a una comunidad unida por lazos de idioma, cultura e historia. También se conformaron iglesias territoriales, donde la iglesia no coincidía exactamente con una comunidad nacional, pero se extendía por un territorio gobernado por una autoridad política que se adhería a la Reforma. En ambos casos, se replicaba el modelo de catolicidad en el que la iglesia coincidía en su jurisdicción con un Estado considerado cristiano y unido a aquélla. Y si unido, también obligado a sostenerla, protegerla y… controlarla. Tanto así que después de interminables guerras y acuerdos entre el Imperio y los príncipes protestantes, un agotado y ya casi "abdicado" Carlos v les propuso a los protestones protestantes firmar la paz de Augsburgo (25 de setiembre de 1555), sobre un principio en que los príncipes de uno y otro lado podían estar de acuerdo: *cuius regio, eius religio*. Que era decir —en buen romance— algo así como: de acuerdo a la religión del rey, será la religión de los súbditos. Donde la autoridad civil era protestante, pues el pueblo debía adoptar esa fe, y donde el gobierno fuera católico, de igual modo todos los habitantes deberían serlo. Esta era una manera salomónica de "congelar" la Reforma hasta donde había llegado y aceptar las cosas como eran. Realismo político, que le llaman.

La Reforma Magisterial se caracterizó también por llevar adelante un programa de reformas moderado en lo institucional, lo litúrgico y lo social. Esto no es difícil de explicar desde lo expuesto anteriormente. Pues los teólogos protestantes tenían la necesidad de consensuar el programa de cambios e innovaciones con diversos estamentos estatales. Ya fuera un consejo de gobierno de una ciudad, un príncipe o un parlamento, las reformas debían contar con el beneplácito de la autoridad civil. Convenía entonces evitar medidas radicales o escandalosas. Además, como se trataba de una iglesia territorial que tenía como destinatario al pueblo en general, se imponía avanzar con cuidado para no escandalizar a las masas o privarlas de las formas rituales y litúrgicas que le permitían acceder a los misterios de la fe. Contemos con que la mayor parte de las personas no sabían leer ni escribir, lo visual y lo audible era el único camino de comunicación de los misterios que resultaba válido. ¿Convenía entonces eliminar imágenes, símbolos o formas que les permitían vivenciar la presencia de Dios? Los protestantes, en general, se alinearon con la idea de que todo aquello que no estaba explícitamente prohibido en la Biblia podía ser aceptado. De modo que, en estas iglesias, se conservaron muchas tradiciones o prácticas que provenían de la iglesia previa a la Reforma.

Lo cierto es que, como resultado de un largo proceso histórico de casi un siglo, la Reforma Magisterial se estableció en Alemania, Suiza y los países escandinavos, los Países Bajos y Escocia. Inglaterra y Francia son casos con algunas particularidades. En Inglaterra los monarcas posteriores a María i, Tudor (1516–1558), intentaron imponer la Reforma en todo su territorio, pero esto generó resistencias, como en el nacionalismo irlandés, en el que el catolicismo llegaría a ser una bandera de la independencia política irlandesa. En Francia, luego de una sanguinaria guerra de religiones, se pactó una paz de compromiso por la política de quien sería el rey Enrique iv (1553–1610). Enrique, luego de padecer una guerra desgastante por el trono en la que se enfrentaban el partido católico y el protestante, decidió intentar un acuerdo con el partido católico, al que no lograba vencer del todo. Él mismo se hizo católico para mostrar su buena voluntad de hacer la paz, y la selló con la famosa frase: París bien vale una misa.

A la Reforma Magisterial u oficial, le tocó volver a luchar con el famoso tema de las relaciones Iglesia-Estado que habían complicado el desarrollo de la iglesia prácticamente desde que los emperadores Constantino y Teodosio declararan primero "legal" y luego "oficial" a la iglesia. De algún modo, Lutero, Zwinglio y también Calvino, prolongaron en el protestantismo la disputa de "las dos espadas" sin encontrarle una solución novedosa. Y trágicamente, en los hechos, terminaron sometiendo a la iglesia a la autoridad de los príncipes, como rápidamente comprendieron monarcas ambiciosos como Enrique VIII en Inglaterra. Por otro lado, cuando intentaron que la espada espiritual fuera la dominante sobre la esfera civil, desembocaron en una peligrosa teocracia, como le sucedió a Calvino en Ginebra. Es decir, no lograron encontrarle una respuesta a una pregunta que sigue vigente en otros términos, también hoy en día: ¿Qué hacemos con el Estado?

Debemos a la Reforma Magisterial y a sus pensadores, sin embargo, los grandes aportes teológicos que fundaron un nuevo paradigma de pensamiento cristiano. En este sentido, esta corriente reformada tuvo una profunda influencia en todo el proceso reformador. Fueron sus sistemáticos desarrollos en el campo de la teología, la eclesiología y la pastoral a quienes le debemos las famosas "cinco solas" fundantes del protestantismo: (Sagradas Escrituras/Cristo/Gracia/Fe/Gloria a Dios) y una serie de ideas teológicas conectadas a ellas y que resultaron trascendentes para el desarrollo posterior de las iglesias evangélicas y protestantes. Podríamos decir, simplificando bastante los términos, que los reformadores oficiales fueron en lo teológico todo lo radicales que no lograron ser en lo social y en lo político.

Preguntas para reflexionar en comunidad

✓ ¿Cuál debería ser la relación de nuestra comunidad de fe con los poderes públicos?

✓ ¿Cómo pensar nuestro lugar frente al Estado?

✓ ¿Aislarnos o participar en la esfera social?

✓ ¿Cómo participar sin confundir el mensaje del evangelio con los discursos dominantes?

✓ ¿Cómo aislarnos sin volvernos irrelevantes socialmente o cómplices de la injusticia?

✓ ¿Tenemos un rol profético en este sentido? ¿Lo ejercemos?

Capítulo 13

El segundo ciclo magisterial: Juan Calvino

Por lo tanto, la elección no depende del deseo ni del esfuerzo humano, sino de la misericordia de Dios. Porque la Escritura le dice al faraón: "Te he levantado precisamente para mostrar en ti mi poder, y para que mi nombre sea proclamado por toda la tierra". Así que Dios tiene misericordia de quien él quiere tenerla, y endurece a quien él quiere endurecer.

—Ro 9.17–18

Por tanto, como todos tenemos de naturaleza la misma enfermedad, solamente se restablecen aquellos a quienes agrada al Señor curar. Los otros, a los cuales Él por su justo juicio desampara, se van corrompiendo poco a poco hasta consumirse del todo y no hay otra explicación de que unos perseveren hasta el fin, y otros desfallezcan a mitad de camino. Porque la misma perseverancia es don de Dios, que no da a todos indistintamente, sino solamente a quienes le place. Y si se pregunta por la causa de esta diferencia, que unos perseveren y los otros sean inconstantes, sólo se podrá responder que Dios sostiene con su potencia a los primeros para que no perezcan, pero que a los otros no les da la misma fuerza y vigor; y esto, porque quiere mostrar en ellos un ejemplo de la inconstancia humana.

—Juan Calvino, Institución de la religión cristiana [1556]

El 20 de octubre de 1540, una delegación del Consejo de la Ciudad de Ginebra llegaba a Estrasburgo para tratar de convencer a Juan Calvino de que volviera a la ciudad y se pusiera al frente de la Reforma en esa ciudad. Cuenta la historia que ese día Calvino expresó entre llantos "Preferiría cien otras muertes que aquella cruz, sobre la cual tendré que morir cien veces al día". Es que Calvino ya había estado en la ciudad suiza y se había tenido que ir acosado por los numerosos enemigos que se había hecho al tratar de establecer la reforma junto con su amigo y mentor Guillermo Farel. Pero casi diez meses después, Calvino entraba en Ginebra, donde permanecería hasta su muerte. El primer día en que volvió a predicar desde el púlpito, retomó el texto en que la tarea había quedado suspendida tres años antes. Ésa era toda una declaración. Desde allí, le imprimiría a la Reforma sus capacidades organizativas y su genio para la sistematización teológica que se echaba en falta en la obra de Lutero.

A Calvino le preocupaban dos aspectos de la reforma en Alemania: por un lado, la falta de cambios concretos en el culto y la vida de las iglesias, todavía muy apegadas en su opinión a las formas de la iglesia medieval. Por el otro, la sujeción de las iglesias a los príncipes territoriales con su capacidad de intervenir en las cuestiones eclesiásticas. Guiado por esas preocupaciones, inició unas reformas en Ginebra enfocadas a transformar la estructura de la iglesia y la ciudad, reformando sus costumbres. Para ello, elaboró unas Ordenanzas Eclesiásticas que imponían a todo ciudadano las mismas obligaciones y las mismas disciplinas dado que, al ser habitante de la ciudad ya se lo consideraba miembro de la comunidad de fe. Pero aquí, la iglesia no estaba sujeta al Estado, sino que esta relación aparecía prácticamente invertida. Se trataba de una coexistencia entre la comunidad civil y la religiosa, en la que esta última establecía las pautas de convivencia y señalaba al poder civil (en este caso, el Consejo de la Ciudad) las medidas para tomar. Las ordenanzas establecieron una moral pública y privada estricta y numerosas prácticas fueron penadas por la ley civil: no asistir a la iglesia, no tomar la cena del Señor, el lenguaje obsceno, la vagancia y la ociosidad, la violencia doméstica, las riñas callejeras, el adulterio, los juegos de azar, el baile, los vestidos lujosos y más… El quebrantamiento de estas leyes era castigado de diversas formas que iban desde la reprimenda hasta las multas y los encarcelamientos. Como puede imaginarse, en buena parte de la población se desarrolló una resistencia pasiva y activa ante la rigidez de esta república cristiana que llegó a ser célebre. Calvino fue innovador no solo en la relación de la comunidad eclesiástica con el Estado, sino en la misma organización de la vida de la iglesia, generando un sistema de gobierno inédito hasta entonces: el sistema que ha llegado a llamarse presbiteriano en la medida que prescribía una forma de gobierno colegiado en el que participaban tanto clérigos como laicos.

Teocracia y justicia

Ahora es preciso exponer brevemente cuál es el oficio de los gobernantes, tal cual la Palabra de Dios lo describe, y en qué consiste. Si la Escritura no nos enseñase que la autoridad de los gobernantes se refiere y extiende a ambas tablas de la Ley, podríamos aprenderlo de los autores profanos; porque no hay ninguno entre ellos que al tratar de este oficio de legislar y ordenar la sociedad no comience por la religión y el culto divino. Y con ello todos han confesado que no es posible ordenar felizmente ningún estado o sociedad del mundo, sin que ante todo se provea a que Dios sea honrado; y que las leyes que sin tener en cuenta el honor de Dios solamente se preocupan del bien común de los hombres, ponen el carro delante de los bueyes. Por tanto, si la religión ha ocupado siempre el primer y supremo lugar entre los filósofos, y esto de común acuerdo lo han guardado los hombres, los príncipes y gobernantes cristianos deben avergonzarse grandemente de su negligencia si no se aplican con gran diligencia a esto. Ya hemos demostrado que Dios les confía especialmente este cargo.

Es, pues, del todo razonable que, puesto que son sus vicarios y lugartenientes, y dominan por su gracia, también ellos por su parte se consagren a mantener el honor de Dios. Los buenos reyes que Dios ha escogido de entre los demás, son expresamente alabados en la Escritura por esta virtud de haber puesto en pie y haber restituido a su integridad el culto divino cuando estaba corrompido o perdido, o por haberse preocupado grandemente de que la verdadera religión floreciese y permaneciese en su perfección.

En cuanto a la segunda tabla, Jeremías amonesta a los reyes a que hagan juicio y justicia, que libren al oprimido de mano del opresor, que no engañen ni roben al extranjero, ni al huérfano, ni a la viuda, ni derramen sangre inocente (Jer 22.3). Está de acuerdo con esto la exhortación que se hace en el salmo ochenta y dos: 'Defended al débil y al huérfano; haced justicia al afligido y al menesteroso. Librad al afligido y al necesitado; libradlo de mano de los impíos' (Jer 22.3–4). Asimismo Moisés ordena a los gobernantes que había puesto en su lugar, que oigan entre sus hermanos y juzguen justamente entre los hombres y su hermano, y el extranjero; que no hagan distinción de persona en el juicio, sino que oigan así al pequeño como al grande; que no se aparten de su deber por temor a nadie, puesto que el juicio es de Dios (Dt 1.16–17) (Juan Calvino, *Institución de la Religión Cristiana*).

El otro aspecto de la obra de Calvino que tuvo enorme trascendencia en su tiempo y muchos años después y ha llegado incluso hasta nuestros días, fue su obra teológica. Calvino fue el primer reformador que intentó una sistematización de todo el edificio de la nueva teología. De hecho, construyó ese edificio que aún no existía. Como inevitable heredero de la teología escolástica y sus voluminosos tratados en los que se plasmaba el saber teológico, se lo desarrollaba con enorme detalle y aún se rebatía a las posiciones contrarias, Calvino elaboró su propia suma teológica: la *Institución de la religión cristiana*. Puede decirse que sobre este tratado Calvino trabajó durante toda su vida adulta. La primera publicación data de 1536 en una versión en latín (como era el uso habitual en la época), traducida luego al francés en 1541 y al castellano en 1597. Pero la obra tuvo infinidad de reediciones mientras Calvino estuvo con vida, dado que nunca dejó de revisar y pulir sus ideas, además de ampliar el contenido de la obra. La versión final es un impresionante tratado teológico que abarca todos los aspectos de la teología cristiana, la iglesia y la relación de esta con el mundo. Incluso, y aunque Calvino ya es parte de la segunda generación reformadora, la *Institución* no está exenta de la inevitable polémica "anticatólica" y "antianabautista" específica de aquellos tiempos de ruptura. La teología de Calvino tuvo una profusa influencia por medio de predicadores y teólogos formados en Ginebra, que luego llevaron sus ideas a otros países y continentes. También su pensamiento teológico influyó acaso como ningún otro sobre diversas iglesias cristianas que no habían nacido de la reforma ginebrina. Muchas denominaciones evangélicas surgidas de la reforma Zuingliana e incluso anabaptista, con el tiempo adoptaron muchas de las ideas de Calvino. En especial su visión sobre la elección y la salvación de los creyentes.

Calvino se ha hecho célebre por la doctrina de la predestinación y por sus excesos de rigor tanto en la definición doctrinal como por su disciplina espartana que aplicaba tanto a su propia vida como a su entorno. Pero esto es acaso injusto y reduccionista. Ayuda sin duda comprender su celo disciplinario y teológico en su contexto. Por una parte, cuando Calvino llevó adelante su programa de reformas en Ginebra, la ciudad pasaba por ser una de las más disipadas en sus costumbres morales de toda Europa. El rigor de Calvino tuvo sin duda que ver con las enormes dificultades que enfrentó para establecer algún tipo de orden en una ciudad de la que sus opositores lo expulsaron sin piedad. Esto no lo justifica en sus errores, pero quizás lo explique en su pasión, en ocasiones excesiva. En cuanto a su rigidez teológica, habrá que decir que Calvino pagó de algún modo el precio de quién pretende ser honesto, sistemático y llevar sus ideas hasta sus últimas consecuencias. Su intenso deseo de dar gloria a Dios y colocar su iniciativa y autoridad fuera de toda duda, lo llevó a destacar su soberanía por sobre otros atributos.

Luego, aunque enseñó la predestinación al igual que Lutero y otros reformadores, solo Calvino decidió ser totalmente coherente con ese postulado y hacer girar todo su pensamiento en torno a este principio. Al hacerlo, intentando elaborar una estructura teológica armónica, debió forzar hacia un extremo algunas ideas que luego para otros lectores y bajo otras luces resultaron chocantes. Todo lo cual no reduce en nada su genio, bajo condición de entenderlo en su contexto vital, sin extrapolar sus ideas de manera ahistórica.

Preguntas para reflexionar en comunidad

✓ ¿Cómo podemos hacer honor a la ética cristiana en un mundo poscristiano?

✓ ¿Debemos esperar que la sociedad y el Estado defiendan la ética cristiana?

✓ ¿Cómo nos paramos como comunidad de fe ante esa disyuntiva?

✓ ¿Cómo participar de la vida plural y democrática de nuestras sociedades desde una ética cristiana con valores no negociables?

✓ ¿Cómo proclamar, vivir, respetar, tolerar y disentir al mismo tiempo?

✓ ¿Qué diferenciaría a la convicción teológica o ética de la intolerancia o el fundamentalismo cerrado?

Capítulo 14

De la Reforma a la Restitución (o los anabautistas)

Los expulsarán de las sinagogas; y hasta viene el día en que cualquiera que los mate pensará que le está prestando un servicio a Dios. Actuarán de este modo porque no nos han conocido ni al Padre ni a mí. Y les digo esto para que cuando llegue ese día se acuerden de que ya se lo había advertido. Sin embargo, no les dije esto al principio porque yo estaba con ustedes.

—Juan 16.2–4

Nadie puede conocer verdaderamente a Cristo, a no ser que lo siga en la vida.

—Hans Denck

Llevaban bastante tiempo reunidos y una profunda angustia se apoderó de sus corazones. Empezaron a doblar la rodilla ante el Dios que es exaltado en los cielos, clamando a él como a quien sabe lo que hay en los corazones de los hombres, rogando que les permitiese hacer su voluntad divina y que les mostrara su misericordia; porque la carne y la sangre y la imaginación humana no era lo que les impulsaba. Bien sabían lo que tendrían que sufrir y aguantar por causa de ello. Después de la oración Jorge Cajacob se levantó y le pidió a Conrado Grebel que por amor de Dios le bautizara con un bautismo cristiano verdadero, como consecuencia de su fe y su confesión. Y ya que estaba de rodillas, rogándole con un deseo tan conmovedor,

Conrado le bautizó, porque no había presente ningún ministro ordenado
para hacer tal cosa. Una vez hecho esto, los demás de la misma manera
rogaron a Jorge que les bautizara, lo cual hizo porque se lo pedían.
Así con gran temor de Dios se encomendaron unos a otros
al Nombre del Señor, se reconocieron mutuamente
como ministros del Evangelio, y empezaron a predicar y guardar la fe.
De este modo comenzó la separación del mundo y sus obras perversas.
—Relato del primer bautismo de adultos. Crónicas huteritas

El 18 de enero de 1525, el Consejo de la Ciudad de Zurich
emitió una orden perentoria: todos los niños debían ser bautizados
en el plazo de una semana, bajo la pena de que los padres o
adultos responsables que no cumplieran con este decreto serían
encarcelados. El Consejo ya había emitido en los meses previos,
órdenes similares que prohibían las reuniones en hogares para leer
la Biblia o que en las casas se administrase la Cena del Señor. Estos
decretos restrictivos estaban dirigidos a detener el descontento de
muchas personas en la ciudad que querían ver ir más rápido y más
lejos a las reformas iniciadas por Ulrico Zwinglio, para librarse de
una buena vez por todas de lo que llamaban las costumbres papistas
y las supersticiones. Esos tópicos habían sido motivo de debates
públicos entre Zwinglio y su "ala izquierda" de jóvenes atraídos por su
predicación y su programa, pero críticos del modo en que avanzaba
el proceso de cambios. Pero para perjuicio de los disidentes, estos
debates se habían cerrado con la decisión del Consejo de la Ciudad
de respaldar el programa de reformas paulatinas y moderadas de
Zwinglio.

A pesar de la amenaza de las autoridades civiles, la noche del 21
de enero se reunieron en la casa de Félix Mantz, Conrado Grebel,
Jorge Cajacob "Blaurock" y otros jóvenes hasta allí, discípulos de
Ulrico Zwinglio. Esa noche, todos fueron bautizados, a sabiendas
que al hacerlo, estaban rompiendo con las autoridades civiles
y colocándose al margen de la ley. De hecho, todos morirían
violentamente o como víctimas indirectas de la persecución en

breve tiempo. Al tomar esa dramática decisión aquella gélida noche de enero, estaban iniciando una nueva corriente reformadora que ha recibido diversos nombres dada su diversidad y complejidad: Reforma Radical, Anabautismo, Izquierda de la Reforma, etc. De todos modos, no debe pensarse que toda la Reforma Radical deriva de la ruptura de Zurich; por el contrario, lo más interesante de este proceso es que inquietudes similares surgieron simultáneamente en muchos lugares de Alemania, Suiza, Holanda, Inglaterra, Austria, en los primeros años de la Reforma Oficial. Como si ésta hubiera roto los diques que mantenían contenidas poderosas fuerzas espirituales y sociales, que se echaron a rodar y comenzaron a encontrar su cauce. Es decir, las corrientes radicales de la Reforma tuvieron múltiples orígenes en cuanto a liderazgo, base social, contexto político y desarrollo geográfico. Esto explica otra característica de estos movimientos: su enorme diversidad.

La diferencia fundamental que marcaron los reformadores radicales con los magisteriales fue su insistencia en una total separación entre la iglesia y el Estado. Si bien algunos grupos adoptaron posiciones apocalípticas y admitieron el uso de la fuerza, esa distancia que se quería marcar incluía, para la gran mayoría, la imposibilidad de que los cristianos ejercieran cargos públicos o se enrolaran en el ejército. Para ellos, los asuntos de la fe y la iglesia no debían estar bajo la jurisdicción de los magistrados que no tenían autoridad para legislar en estos asuntos de conciencia. Tan radical como esta ruptura, lo fue la diferencia de principio fundante y objetivos que plantearon los radicales. Los reformadores magisteriales (Lutero, Calvino y más allá) estaban animados por la idea de llevar adelante una reforma de la iglesia existente. Es decir, había una aceptación *a priori* de muchos elementos de la institución "iglesia" y aspiraban a corregirla con la guía de las Escrituras en lo que se había desviado. Los radicales, en cambio, tenían una mirada más pesimista del estado de la iglesia y un sueño mucho más ambicioso: esperaban lograr una restitución de la iglesia primitiva. Es decir, rechazaban de plano todas las formas y creencias que había ido desarrollando la iglesia por uso, por tradición y por las sucesivas elaboraciones teológicas que fue teniendo el dogma. Había que volver al origen, a las prácticas iniciales, ya que en su visión, pasada la era apostólica, la decadencia de la iglesia había sido un proceso sin retorno.

La Reforma Radical es un fenómeno tan complejo que es muy difícil dar cuenta de su riqueza y de las infinitas variantes y corrientes que se pueden identificar en su interior. Esta dificultad también estriba en el hecho de que es posible reconocer etapas de desarrollo y cambios de rumbo, reacomodamientos y reapropiaciones en estos movimientos, a medida que el proceso reformador avanzaba durante el siglo XVI. Como ofrenda a la brevedad, digamos que los historiadores del periodo suelen dividir a la Reforma Radical en tres grandes corrientes: el anabautismo, los grupos espiritualistas y apocalípticos y los racionalistas evangélicos.

Los anabautistas son, quizás, la corriente a la que debemos dedicarle más espacio en este libro, dada su importancia para el desarrollo de las iglesias evangélicas a partir del siglo XVII y XVIII. Este movimiento es un antecedente directo de las iglesias evangélicas modernas, haciendo la salvedad de que éstas tuvieron una influencia decisiva para su conformación en el pietismo del siglo XVIII. A los anabautistas (como sucede tantas veces en la historia), el nombre se lo asignaron sus enemigos y con un sentido peyorativo, "los rebautizadores", los que bautizan de nuevo a las personas. La burla llegaba hasta el patíbulo de los inquisidores, pues era común que, perseguidos por autoridades católicas o protestantes, los anabautistas fueran ahogados en los lagos y ríos como castigo por su transgresora práctica de volver a bautizar a quienes ya lo habían sido por las iglesias oficiales.

Los líderes anabautistas —muchos de ellos exmiembros de las órdenes monásticas— pensaron que el modo más seguro para restaurar la iglesia primitiva era la formación de comunidades voluntarias de adultos decididos a vivir el evangelio. De su convicción de que la iglesia solo podía estar formada por personas que habían "nacido de nuevo", al elegir seguir a Cristo, surgía naturalmente como consecuencia la práctica de rebautizar a las personas que se sumaban a la comunidad. Pusieron énfasis en la importancia del Nuevo Testamento como regla de vida, dándole casi un lugar aparte al Sermón del Monte, que llegó a ser el modelo para seguir. En esto se diferenciaron de los grupos espiritualistas de la Reforma Radical, que le asignaron una importancia mayor a la guía interna de Dios por medio del espíritu; los anabautistas, en cambio, fueron biblicistas. La insistencia en la formación de comunidades de "santos" redimidos, llevó a la valoración de la disciplina interna como una de las prácticas que permitía velar por la salud de la iglesia. Es que siguiendo a los textos de los evangelios, le dieron la mayor importancia al concepto del seguimiento de Cristo, más que a la justificación por la fe, como había sido presentada por los teólogos protestantes.

Acosados por la persecución y amenazados por la dispersión y la desorganización de un movimiento que crecía rápido pero sin un credo claro, varios líderes anabautistas conducidos por Miguel Sattler organizaron un sínodo clandestino en la pequeña ciudad suiza de Schleitheim, durante el mes de febrero de 1527. De ese encuentro, surgiría una declaración de siete artículos que es considerada la declaración programática del movimiento. Más que discurrir sobre tópicos teológicos, los artículos se ocupaban de cuestiones eclesiásticas, y de la organización de las comunidades. Estos principios y pautas de acción estaban dirigidos a mostrar los aspectos que los separaban de los reformadores oficiales y, al mismo tiempo, colocar límites claros a la práctica anabautista que corría el peligro de anarquizarse. Los siete puntos del acuerdo eran los siguientes:

1. Observacion del bautismo
2. La disciplina y la excomunión
3. El partimiento del pan
4. La separación del mundo
5. Criterio sobre los pastores
6. La prohibición del uso de la espada
7. La prohibición del juramento

Ni tomar la espada ni ser magistrados

La espada constituye un ordenamiento de Dios fuera de la perfección de Cristo. Castiga y mata a los malvados, y guarda y protege a los buenos. En la ley, la espada fue establecida sobre los malvados para castigo y para muerte, y los gobernantes seculares son establecidos para emplearla. Mas en la perfección de Cristo sólo se emplea la excomunión, para la amonestación y la exclusión del que ha pecado, sin la muerte de la carne sino sencillamente mediante la advertencia y el mandamiento de que deje de pecar. Muchos, al no comprender la voluntad de Cristo para nosotros, se preguntarán si un cristiano no puede y debe hacer uso de la espada contra los malvados para protección y defensa de los buenos, o motivados por el amor. La respuesta nos ha sido revelada por unanimidad: Cristo enseña y manda que aprendamos de él, que es manso y humilde de corazón, y que así hallaremos descanso para nuestras almas. Cristo dice a la mujer hallada en adulterio, no que deba ser apedreada según la ley del Padre (aunque dice: «lo que el Padre me ha mandado, eso he hecho"), sino que con misericordia y perdón y una amonestación de que no peque más, dice: «Ve, y no peques más". Es exactamente así como debemos proceder nosotros también, según la regla de la excomunión. En segundo lugar algunos preguntan respecto a la espada si un cristiano debe dictar sentencia en disputas y contiendas sobre asuntos terrenales, tales como los incrédulos tienen entre sí. La respuesta: Cristo no quiso decidir ni juzgar entre dos hermanos respecto a su herencia, sino que se negó a ello. Así también debemos proceder nosotros. En tercer lugar suele preguntarse respecto a la espada si un cristiano debe servir como magistrado si resulta nombrado a tal cargo. La respuesta es la siguiente: Quisieron poner a Cristo como rey, pero él huyó y no vio en ello la voluntad de su Padre. Nosotros debemos hacer como él hizo y seguirle a él, y así evitaremos andar en las tinieblas. (Acuerdo de Schleitheim, Artículo sobre la espada)

Debido a las persecuciones en territorio suizo y alemán que se desataron entre 1525 y 1527 contra los anabautistas, muchos líderes del movimiento migraron hacia Austria y Moravia o se hicieron predicadores nómades viajando de una ciudad a otra. En algunas de las regiones mineras y campesinas de esos distritos, el anabautismo se expandió rápidamente por la predicación de varios destacados líderes como Jorge Cajacob "Blaurock", que provenía como vimos del círculo de Zurich, y que sería ajusticiado en 1529. Juan Hut, que si bien pertenece a la corriente apocalíptica, realizó una extraordinaria tarea evangelizadora en la región hasta su suplicio en 1527. Baltasar Hubmaier, quien rebautizó a millares de convertidos por su predicación hasta su encarcelamiento y ejecución. Jacobo Hutter, fundador de una corriente del anabautismo en la que se practicó la comunidad de bienes en Austria y Moravia. Pilgram Marpeck, quien fundó múltiples congregaciones viajando como un predicador errante por Suiza, Alemania, Moravia y el Tirol. La marca de este extraordinario esfuerzo de expansión fue el martirio, solo en muy contados casos el liderazgo disfrutó del privilegio de morir de muerte natural; se calcula que por lo menos el 80 % de los predicadores y misioneros anabautistas murieron ajusticiados desde 1525 hasta finales de ese siglo.

Preguntas para reflexionar en comunidad

✓ ¿Es nuestra comunidad contracultural?

✓ ¿En qué sentido nuestro mensaje y nuestra práctica choca con la cultura corriente?

✓ ¿Qué dimensiones de la vida social son interpeladas por nuestro mensaje?

✓ ¿Hay valores o principios en que somos irreductibles?

✓ ¿En qué aspectos dialogamos con la cultura circundante, y en qué estamos dispuestos a ir en contra de ella hasta las últimas consecuencias?

✓ ¿Cómo podemos marcar una diferencia significativa con los valores corrientes sin volvernos sectarios?

De la Reforma a la Revolución (espiritualistas y apocalípticos)

Uno de los siete ángeles que tenían las siete copas se me acercó y me dijo: "Ven, y te mostraré el castigo de la gran prostituta que está sentada sobre muchas aguas. Con ella cometieron adulterio los reyes de la tierra, y los habitantes de la tierra se embriagaron con el vino de su inmoralidad". Vi que la mujer se había emborrachado con la sangre de los santos y de los mártires de Jesús.

—Apocalipsis 17.1–2, 6

Si, como la sangre y la carne son tan rebeldes contra Dios, de modo tal que nuestro actuar debiera ser un dejar de hacer, nuestro hacer, sea ante Dios un fracasar, nuestro algo sea ante Dios nada. Así deberíamos oír lo que dice en nosotros el Espíritu del Cordero: que el quebrantar de Dios tal como se nos muestra, es el mejor hacer, y la nada de Dios es el algo más elevado y noble que no entendemos. Este testimonio está en todos los seres humanos y predica a cada uno, en particular cuando este lo escucha.

—Hans Denck. *Cómo se entiende que la Escritura dice que Dios hace tanto el bien como el mal* [1526]

¡Adelante, adelante, mientras el fuego esté vivo! No permitáis que vuestra espada se enfríe. No hay que desfallecer. Martillad duro sobre el yunque de Nemrod; abatid sus torres. Mientras esos vivan, imposible veros libres de temor humano. Mientras os dominen, imposible hablaros de Dios.

—Thomas Muntzer, *Carta a los campesinos sublevados* [1525]

En febrero de 1534 ingresaba a la ciudad de Munster, en el norte de Alemania, un panadero de Amsterdam: su nombre era Jan Matthys, para ese entonces un reconocido líder anabautista, discípulo de Melchor Hoffman. Como su maestro, Matthys esperaba la llegada inminente de Jesucristo en su segunda venida para instaurar su Reino y derrotar a los impíos. Pero, a diferencia de su antiguo mentor, no era pacifista. Creía, en cambio, que la responsabilidad de los fieles era forzar y acompañar la llegada del Reino empuñando las armas para aniquilar a los malvados. Matthys se denominaba a sí mismo como el Enoc prometido y la influencia de su mensaje se hacía sentir en amplias regiones de Alemania y Holanda. Para ese entonces, la ciudad de Munster vivía un inestable equilibrio entre su población adherente a la fe luterana (por la que se había pronunciado el consejo de la ciudad), católicos y anabautistas moderados. Pero, algunos meses antes de ese invierno de 1534, algunos de los discípulos de Matthys habían entrado en la ciudad e impuesto el bautismo de adultos, con el resultado de que miles de personas se hicieron rebautizar. El delicado equilibrio religioso en la ciudad se rompió. Los sectores moderados de la reforma se vieron obligados a abandonar la ciudad y el se pronunció extremismo.

Matthys impuso a la ciudad la comunidad de bienes, ordenó quemar todos los libros salvo las biblias, los monasterios e iglesias fueron saqueados. Ulteriormente, la Biblia fue erigida como ley civil, la oposición fue reprimida sangrientamente. Mientras tanto, el obispo de la ciudad logró reunir fuerzas militares, consiguiendo aliados entre los alarmados príncipes de la región y, como consecuencia, la ciudad fue sitiada. El domingo de Pascua de 1534, Jan Mattys anunció que ese día llegaría finalmente el juicio divino, y con treinta seguidores salió de la ciudad para enfrentar a los sitiadores como un nuevo Gedeón. Pero fue capturado y decapitado. Para junio, la ciudad cayó y con ella el sueño de la Nueva Jerusalén.

La mística, el espiritualismo y su ocasional correlato, la visión apocalíptica, no fueron ajenas al desarrollo de la Reforma. Se ha señalado con razón que la mística alemana, una tradición de espiritualidad muy arraigada en los territorios germánicos, tuvo una enorme influencia en todas las corrientes de la Reforma. Pero dentro de la Reforma Radical alcanzó un desarrollo más importante, quizás debido al hecho de que estas corrientes místicas se negaron a ver a la Biblia como la única manifestación presente de la Palabra de Dios, a diferencia de los Reformadores Magisteriales. Es decir, cuestionaron el "sola Escritura" y buscaron la Palabra viva de Dios en la experiencia mística del corazón y la interioridad. Sostenían que no bastaba con abolir los rituales de la iglesia antigua para ver establecidos los principios de un cristianismo vivo. Era necesario unirse con Dios al recibir la Palabra en el corazón por el camino de la abnegación y la negación del propio yo. Pero también por el reconocimiento de la presencia de Dios en la experiencia existencial de cada ser humano. En esta tradición se concibió a Dios desbordando las Escrituras (La Biblia) y hablando directamente al corazón:

> Cristo dice en Lucas 11.52, que los curas roban las llaves de este libro, que está cerrado; que clausuran las Escrituras y dicen: Dios no debe hablar en persona con el ser humano. Donde la semilla cae sobre el campo bueno, esto es, en los corazones que están plenos de temor a Dios, este es el papel y el pergamino en donde Dios escribe, no con tinta, sino con su dedo viviente, la recta Sagrada Escritura, que es confirmada por la Biblia exterior. Y no existe testimonio más certero que atestigüe la Biblia en verdad, que el vivo discurrir de Dios, cuando el Padre le habla al Hijo en el corazón del ser humano. (Thomas Muntzer. *Manifiesto de Praga* [1521])

> Estimo a la Sagrada Escritura más que cualquier tesoro humano, pero no tanto como la Palabra de Dios, que es viviente, poderosa y eterna, que es libre y tiene independencia de todos los elementos de este mundo. Pues al ser Dios mismo, es espíritu y no letra, escrita sin pluma ni papel, de modo que jamás se la puede borrar. Por eso la salvación tampoco está atada a la Escritura, por más útil y buena que esta resulte para aquella. (Hans Denck. *Retractación* [1527])

Desde este principio interpretativo tan diverso con respecto al esgrimido por la Reforma Oficial, se abría un abanico de opciones no sólo para leer las Escrituras, sino también la realidad. Podemos entender a partir de aquí, en qué sentido estos reformadores fueron "radicales". Es decir, buscaban denodadamente la raíz de la fe y de una experiencia auténtica con Dios. Tenían, como se ve, una deuda enorme con la mística medieval y los modelos monacales; en ese sentido, paradójicamente pueden ser pensados como menos modernos, más conservadores que los reformadores oficiales. Pero, al mismo tiempo, ese énfasis mayor por restituir el origen de la fe los convirtió en revolucionarios. Declararon caduca no sólo la teología medieval, sino el mismísimo orden social, reclamando otro en el que se pudiera respirar el aire del reino de Dios. No se contentaron con reemplazar las decadentes formas eclesiales, sino que buscaron una vivencia existencial de Dios, y muchos estuvieron dispuestos a luchar también por ellas. Tampoco podían aceptar que la interpretación de las Escrituras fuera la única manera en que el Dios vivo hablase a su iglesia. En tiempos tan violentos y turbulentos en los que la vida misma de la iglesia se encontraba en peligro, estaban convencidos de que Dios se hacía presente para guiar a sus hijos desde sus propios corazones. Se trataba de escuchar la palabra viva y audible de Dios.

La mística radical no desembocó en todos los casos en una apocalíptica, y aun cuando el pensamiento de algunos líderes adquirió un cariz escatológico (por ejemplo, con Baltasar Hubmaier, Juan Hut), no siempre se expresó en proyectos terrenales de lucha por el cambio político y social. Pero, por lo menos en dos ocasiones durante la Reforma del siglo XVI, se dieron juntos los tres elementos. Entre 1524 y 1525 se desató en varios principados alemanes revueltas campesinas que se generalizaron provocando lo que se conoce como "La Guerra de los Campesinos". Si bien las reivindicaciones y las luchas campesinas se arrastraban de larga data, no cabe duda que las ideas de los reformadores radicales operaron como una orientación ideológica clave. Algunos de los líderes radicales, como es el caso de Thomas Muntzer, desempeñaron un liderazgo directo al sentirse parte de la acción irresistible del reino de Dios en su venida a la tierra para instaurar la justicia y derrotar a los opresores. El final de la guerra tuvo muy poco que ver con eso: los campesinos fueron masacrados (con el aval implícito o explícito de los reformadores oficiales) y sus líderes ajusticiados sin piedad. Pero el fermento revolucionario de las ideas radicales no desapareció. Una y otra vez emergía para denunciar el orden impío que gobernaba el mundo y testificar de una inminente irrupción del reino. Una u otra ciudad eran señaladas aquí o allá por fogosos predicadores como el epicentro de estos eventos de un futuro inmediato. Finalmente, la predicación de Juan Matthys fijó el descenso de la Nueva Jerusalén sobre la ciudad de Munster. De todas partes de Suiza, Alemania y Holanda acudieron peregrinos para sumarse al fin de los tiempos, pero esta experiencia teocrática y milenarista, como ya relatamos, también terminó en tragedia y frustración.

Estas dos grandes tragedias históricas del movimiento radical generaron un proceso profundo de autocrítica, y el surgimiento de un nuevo liderazgo. Ulteriormente, el pacifismo originario del movimiento de Zurich resurgió, con la fuerza renovada que le daba el fracaso de las opciones violentamente apocalípticas. También el espiritualismo, que había evitado circunscribir la voz de Dios a la letra de la Escritura, fue acallado; parecía imponerse un regreso a la Biblia "sola", como regla segura para la dirección divina. Por último, las pautas de una comunidad de disciplina estricta, podía también evitar los desvíos y errores de predicadores entusiastas. Así, surgieron las comunidades anabautistas de la segunda parte del siglo XVI bajo el liderazgo de otro exsacerdote: Menno Simons. La persecución se intensificó contra ellos y la migración forzada se hizo casi una regla: muchos anabautistas huyeron a Europa Oriental y otros (cuando se abrió esa posibilidad) a América del Norte, pero esa ya es otra historia.

Preguntas para reflexionar en comunidad

✓ ¿Cómo manejar la tensión inevitable entre los distintos modos del hablar de Dios?

✓ ¿Qué hacer frente a los liderazgos intensos?

✓ ¿Qué rol cumple la comunidad de fe para el discernimiento de la voluntad de Dios?

✓ ¿Qué rol debe tener la iglesia en proclamar los valores del reino de Dios para una sociedad socialmente más justa?

✓ ¿Cómo trabajar por el cambio social sin volverse antisocial o violentos?

Cuarta parte

Lo nuevo de lo viejo

—¿Han entendido todo esto? —les preguntó Jesús.
—Sí —respondieron ellos.
Entonces concluyó Jesús:
—Todo maestro de la ley que ha sido instruido
acerca del reino de los cielos
es como el dueño de una casa,
que de lo que tiene guardado saca tesoros nuevos y viejos.

—Mateo 13.51, 52

Una buena pregunta para hacerse a esta altura es: en última instancia, ¿qué ideas o conceptos poderosos y transformadores aportó la Reforma? O, dicho de otro modo, ¿qué tenían de renovadoras sus ideas como para llegar a provocar el impacto que generaron? De eso trata la cuarta parte de este libro. Una vez que el tiempo hubo transcurrido y cuando fue posible comenzar a hacer un balance de un movimiento tan complejo y heterogéneo, se desarrolló un esquema que destacaba cinco aportes fundamentales de la Reforma al pensamiento cristiano. A estos cinco conceptos teológicos se los llamó las "cinco solas". Se los denominó así porque se pensaba que el principal aporte reformador había consistido en clarificar, simplificar y profundizar la fe cristiana, librándola de agregados teológicos y rituales que la habían deformado. Era un modo de remarcar que, en parte, la Reforma había dedicado sus esfuerzos a volver a las fuentes del cristianismo. En este apartado vamos a repensar estos cinco pilares de la Reforma, tratando de reponerlos en nuestro presente para discernir no sólo lo que significaron hace 500 años, sino también lo que pueden significar hoy. "Sola fe, sola gracia, sola Escritura, solo Cristo, solo a Dios la gloria" serán una especie de guía para reflexionar sobre el aporte de los reformadores y descubrir de qué manera esas aseveraciones teológicas pueden nutrir hoy nuestra vivencia de la fe cristiana. Pero en esta sección también vamos a tratar de hacer visibles otros aportes de la Reforma que, en ocasiones, quedan invisibilizados por los cinco anteriores. De modo que reflexionaremos en primer lugar sobre los nuevos paradigmas para la iglesia que surgieron con estos movimientos y, al final, enumeraremos otros aportes como el concepto de seguimiento, la libertad de conciencia y el sacerdocio de todos los creyentes, para mencionar solo los de mayor influencia en la iglesia moderna y contemporánea.

Capítulo 16

Lo que se supone es una iglesia

¿Por qué también vosotros quebrantáis el mandamiento de Dios por vuestra tradición?

—Mateo 15.3

La Iglesia institución creo que a veces se olvida de aquella indicación que hizo Jesús de que había que mirar a los signos de los tiempos.

—Enrique Miret Magdalena

¿Y ahora qué hacemos?

Hay distintos tipos de propietarios en lo que se refiere a las viviendas. Algunos han comprado su casa terminada, en lo que se llama "llave en mano", con todo terminado, o a lo sumo, con sólo detalles para ultimar. Hay otros que contratan un arquitecto y éste se ocupa de lograr reflejar en la construcción el gusto de sus futuros habitantes. Otros construyen su casa desde cero, desde sus bases mismas para estar seguros de que todo lo que se "eche" encima estará bien cimentado, involucrándose plenamente en todo el proceso. Y, finalmente, están aquellos que adquieren una propiedad antigua para remodelarla.

Este último caso puede equipararse a lo que los reformadores, Lutero especialmente, tenían en mente: no destruir las bases, sino quitar de en medio esas construcciones que el uso y la costumbre fueron acumulando a lo largo del tiempo y que, en todo caso, solo estorbaban lo nuevo, no permitiendo en algunos casos apreciar el potencial y la belleza de una iglesia construida en los albores del cristianismo, que fue cimentada en Cristo (1 Corintios 3.11) y que hombres y mujeres significativos para la memoria colectiva del pueblo (Pedro, Pablo, Apolos, por nominar algunos), y otros menos rutilantes y esquivos a la fama como Epafras o Filemón, Aquila y Priscila fueron construyendo, ladrillo a ladrillo, costumbre a costumbre, llenando las necesidades de la iglesia, dándole forma, haciéndola apta para albergar la nueva familia de Dios.

Pues bien, no fue tan fácil como realizar una remodelación, sobre todo teniendo en cuenta que no fue la intención de Lutero la formación de una nueva iglesia, sino reformarla, pero enfrentó el problema de tener que formar una "nueva", como producto de las decisiones tomadas por las jerarquías eclesiásticas de la época. En referencia a esto, escribe Hans Küng en su libro "La Iglesia Católica":

> Todo el que haya estudiado esta historia no puede albergar dudas de que no fue el reformista Lutero sino Roma, con su resistencia a las reformas —y sus secuaces alemanes (especialmente el teólogo Johannes Eck)—, la principal responsable de que la controversia sobre la salvación y la reflexión práctica de la iglesia sobre el Evangelio se convirtiera rápidamente en una controversia diferente sobre la autoridad e infalibilidad del papa y los concilios. A la vista de la cremación del reformista Juan Huss y de la prohibición en el concilio de Constanza de que el laicado bebiera del cáliz en la eucaristía, se trataba de una infalibilidad que Lutero no podía refrendar en modo alguno.

Así es como Lutero y los reformadores se vieron forzados a quedarse en el barrio, pero con otra casa, a la cual hoy nos referimos como iglesia protestante, o iglesia reformada. Ahora bien, ¿qué se reformó? ¿Hasta qué punto se trató de una iglesia "nueva"? La necesidad de Lutero de conciliar en una Reforma lo nuevo con lo viejo, nos previene de considerar que la Reforma fuera capaz de renovar completamente la iglesia, lo cual, como vimos, sí fue la intención de los anabaptistas en su radicalidad. Pero lo cierto es que la posibilidad de romper por completo con el pasado y con la herencia cristiana era una utopía que en ningún caso pudo cumplirse. Lutero y los demás reformadores —pero sobre todo el monje agustino— tuvieron que echar mano del recurso de buenos escribas, que son capaces de usar con mayor o menor creatividad cosas nuevas y cosas viejas.

Riesgos y oportunidades

Una de las cosas más difíciles de ser un pionero, de ser un emprendedor, es que quien lo sea, tiende a contraer el síndrome de la hoja en blanco, puesto que es más fácil mejorar encontrándole defectos a lo que está hecho que comenzar algo nuevo desde sus bases. No obstante, cada una de estas dos opciones tiene puntos a favor y en contra. El que debe reformar algo con mucha historia se pregunta: ¿qué tomar y qué dejar de las viejas prácticas? ¿Cómo determinar cuál de aquellas es piadosa, más allá de la relevancia que pudiera tener en la tradición? ¿Qué cosas deben cambiarse y cuáles deben cortarse de raíz? ¿Cuáles son mandamientos y cuáles costumbres de ancianos? (Mateo 5).

La historia ha demostrado que la organización de la iglesia es una continua prueba de ensayo y error, una búsqueda por interpretar en cada momento histórico de manera relevante el evangelio para cada generación. Este dilema agudo que representó para los reformadores encontrar un principio para decir qué cambiar y qué conservar, lo resolvieron con una idea creativa y poderosa: la iglesia siempre en estado de reforma.

Siempre es hoy
(Ecclesia reformata semper reformanda est)

La famosa frase latina "Ecclesia reformata semper reformanda est" goza de cierta popularidad entre el pueblo protestante. ¡Y con razón! Alude al gran principio eclesiológico que pusieron en práctica Lutero en Wittenberg, Zwinglio en Zurich y Calvino en Ginebra. ¿Qué quiere decir? A grandes rasgos significa que la *iglesia reformada siempre está en un proceso de reforma,* es decir, *la iglesia reformada siempre se está reformando.* No obstante, si vamos a ser estrictos, no fue una frase inventada por ninguno de los reformadores magistrales, sino más bien expresó la idea principal que motivaba a los primeros evangélicos en su tarea de reforma. En ningún lugar de los escritos de nuestros padres protestantes encontramos semejante dicho. Pero en ellos estuvo la idea, aunque no la frase. El concepto no surgió sino hasta el siglo XVII, esto es, cien años después de la Reforma. A ciencia cierta, hay una completa ignorancia acerca de su autor, y tampoco sabemos cuál fue su forma original. El teólogo holandés Jodocus van Lodenstein puede haber sido el primero que expresó la idea más o menos en su forma presente, pero hay algo aún más importante que se debe tener en cuenta.

> La iglesia es una parte del mundo. ¡No es la parte buena, sino una parte particularmente sucia! Es el mundo malvado a lo sumo, porque en ella se abusa del nombre de Dios y se hace de él un juguete. Pero la iglesia es también la parte calificada del mundo; es decir, ha conocido la acción de la palabra reveladora y bondadosa de Dios. Por este segmento del mundo entra el reino de Dios, y por este medio, el mundo es conquistado y entregado a Dios. (Dietrich Bonhoeffer)

La verdad es que la frase está incompleta. Expresada con exactitud reza: "Ecclesia reformata semper reformanda est secundum verbum Dei". Estas tres últimas palabras "secundum verbum Dei" constituyen la clave hermenéutica del enunciado. Realmente, ¿qué significan estas tres palabras y, en definitiva, qué implican? Podríamos traducir el latín "secundum verbum Dei" como "de acuerdo con la Palabra de Dios" o "según la Palabra de Dios" o "en conformidad con la Palabra de Dios". La noción es que la iglesia reformada siempre se está reformando conforme a la Palabra del

Dios. Es decir, que la iglesia redescubría en la Reforma una regla de algún modo externa a sí misma con la que podía medir el sentido y la razón de lo que debía ser reformado. Por cierto que esto no resuelve mágicamente el problema, pues la Biblia no es autoevidente en sus afirmaciones y necesita de una interpretación. Trataremos este tema con más profundidad en los capítulos subsiguientes, pero es posible adelantar aquí que la iglesia en la Reforma recuperó su propia necesidad de estar a la altura de los signos de los tiempos, muchas veces como constructora de dichos signos, aportando a la sociedad nuevos desafíos, a partir de su inspiración en las Escrituras. También, en el mismo sentido, redescubrió la necesidad de ser una sagaz lectora del espíritu propio de los tiempos, esa realidad que se impone e influye de modo ineludible en el desarrollo histórico de la sociedad. Una iglesia interpelada por la Palabra y, por lo tanto, liberada de su propia tradición, podría ser capaz de estar a la altura de los desafíos que le saldrían al paso en su propia historia. "La Iglesia permanecía muda cuando tenía que haber gritado", dirá Dietrich Bonhoeffer trágicamente, recordando la dictadura nazi durante la Segunda Guerra Mundial. Esa tragedia, la del silencio de la iglesia en los momentos donde más necesaria era su voz, se ha verificado en diversas oportunidades en el curso de la historia. El ideal de una iglesia siempre en proceso de ser reformada por la Palabra (pensaron los reformadores) debería operar como una especie de antídoto para que la iglesia nunca se convierta en un fin en sí misma, ni tampoco ella misma la única regla con la que se juzga, se piensa o se cuestiona.

Preguntas para reflexionar en comunidad

✓ ¿Somos una comunidad consciente de su necesidad de vivir en constante cambio?

✓ ¿Somos una iglesia en proceso de reforma?

✓ ¿Nos hemos anquilosado, fosilizado, estancado, en alguna forma?

✓ ¿Nos dejamos interpelar por la Palabra al punto de estar dispuestos a abandonar nuestras atesoradas tradiciones cuando se convierten en obstáculo para la misión?

Capítulo 17

La salvación: ¿se compra, se gana, se recibe o se pierde?

*Él nos salvó, no por nuestras propias obras de justicia,
sino por su misericordia.
Nos salvó mediante el lavamiento de la regeneración
y de la renovación por el Espíritu Santo.*
—Tito 3.5

*Eso es el Evangelio: que en el nombre de Cristo
los pecados son perdonados.
¡Una noticia más alegre no ha escuchado jamás corazón alguno!*
—Ulrico Zwinglio

El problema de la salvación fue la piedra de toque de toda la Reforma. Las tesis de Lutero contra la venta de indulgencias que inesperadamente iniciaron el proceso reformador eran, en el fondo, una discusión sobre la cuestión del perdón de Dios y la salvación otorgada a las personas. Desde la última parte de la Antigüedad, se habían desarrollado en el seno de la iglesia dos ideas potencialmente peligrosas. Por una parte, creció la convicción de que las personas podían colaborar en el proceso de ser salvadas, obrando a partir de la gracia recibida por la fe. Es decir, en la medida en que Dios otorgaba gracia a los creyentes, estos podían utilizar dicha gracia en obras de justicia que hicieran más seguro su perfeccionamiento y salvación. En paralelo, se fue ampliando el concepto de lo que estas obras de justicia podrían significar. Esa justicia dejó de considerarse simple perfección ética, obras de caridad o pureza de carácter para convertirse en todo esfuerzo humano para honrar a Dios y a su iglesia. Las donaciones, las peregrinaciones y hasta el arrojo guerrero para defender la causa de la iglesia llegó a ser considerado un esfuerzo digno de mérito salvífico.

Durante la Edad Media, el papado ofreció la indulgencia plenaria (esto es, el perdón de todos sus pecados) a quienes se enrolaran en los ejércitos de las cruzadas. De allí a la venta por dinero de esas mismas indulgencias faltaba solo un breve paso, que fue dado poco tiempo después. Para esto, colaboró una tercera idea: la del tesoro de la iglesia. Según este tercer concepto sobre la iglesia como mediadora de salvación, Jesucristo y todos los santos habían acumulado un tesoro de santidad y justicia que era ahora propiedad de la iglesia. El papa, como vicario de Dios en la tierra, tenía la autoridad para disponer de ese tesoro otorgándolo a los hermanos más débiles, para que esto colaborara en su salvación. De ese tesoro emanaba el poder salvador de las indulgencias. Escuchemos la protesta teológica de Lutero contra estas prácticas en algunas de sus célebres tesis:

78. Sostenemos, por el contrario, que el actual Papa, como cualquier otro, dispone de mayores gracias, saber: el evangelio, las virtudes espirituales, los dones de sanidad, etc., como se dice en 1ra de Corintios 12.

79. Es blasfemia aseverar que la cruz con las armas papales llamativamente erecta, equivale a la cruz de Cristo.

80. Tendrán que rendir cuenta los obispos, curas y teólogos, al permitir que charlas tales se propongan al pueblo.

81. Esta arbitraria predicación de indulgencias hace que ni siquiera, aun para personas cultas, resulte fácil salvar el respeto que se debe al Papa, frente a las calumnias o preguntas indudablemente sutiles de los laicos.

82. Por ejemplo: ¿Por qué el Papa no vacía el purgatorio a causa de la santísima caridad y la muy apremiante necesidad de las almas, lo cual sería la más justa de todas las razones si él redime un número infinito de almas a causa del muy miserable

dinero para la construcción de la basílica, lo cual es un motivo completamente insignificante?

83. Del mismo modo: ¿Por qué subsisten las misas y aniversarios por los difuntos y por qué el Papa no devuelve o permite retirar las fundaciones instituidas en beneficio de ellos, puesto que ya no es justo orar por los redimidos?

84. Del mismo modo: ¿Qué es esta nueva piedad de Dios y del Papa, según la cual conceden al impío y enemigo de Dios, por medio del dinero, redimir un alma pía y amiga de Dios, y por que no la redimen más bien, a causa de la necesidad, por gratuita caridad hacia esa misma alma pía y amada? [...]". (Martín Lutero, 95 tesis para la disputación sobre el valor de las indulgencias)

Lutero, en parte, llegó a una conclusión muy distinta a partir de una crisis personal que lo confrontó con su propia miseria espiritual y lo puso al borde de la desesperación en cuanto a su propia salvación. Pero la respuesta no la encontró en estas innovaciones eclesiásticas, sino en el mensaje de las Escrituras. A lo largo de la historia de la iglesia, algo que podemos notar de aquellos que tuvieron batallas personales similares a la de Lutero en cuanto a la seguridad de su salvación, es que encontraron respuestas similares en la Palabra de Dios. Dijo el reconocido pastor y teólogo del siglo xx Martyn Lloyd-Jones: "Si quieres tener seguridad de salvación, el lugar donde empezar no es en tus sentimientos sino en tu entendimiento; luego los sentimientos seguirán. La manera de tener seguridad no es tratar de sentir algo, sino tener esa verdad absoluta".

Luego de recibir tan gran convicción y seguridad en la Palabra de Dios, Lutero escribió los versos:

> Los sentimientos vienen y van,
> Los sentimientos son engañosos;
> Mi seguridad es la Palabra de Dios
> Nada más vale la pena creer.
>
> Aunque todo mi corazón se sienta condenado
> Queriendo alguna muestra dulce,

Existe algo más grande que mi corazón
Cuya Palabra no puede ser quebrantada.

Confiaré en la Inmutable Palabra de Dios
Hasta que el alma y cuerpo sean separados
Porque, aunque todas las cosas pasen,
SU PALABRA PERMANECERÁ POR SIEMPRE.

Las tinieblas de afuera (fuera de la iglesia no hay salvación)

La frase latina *Extra Ecclesiam nulla salus* significa "Fuera de la iglesia no hay salvación". Proviene de los escritos de san Cipriano de Cartago, obispo del siglo III, y su comprensión requiere del conocimiento del contexto en que fue presentada. Era un dogma de la iglesia antigua y medieval definido de la siguiente forma: "Es absolutamente necesario para la salvación de toda criatura humana que esté sujeta al Romano Pontífice" (Bula *Unam Sanctam* del Papa Bonifacio VIII, año 1302). Se trata de un principio fundamental del orden religioso medieval y también un acto de corporativismo explícito que tuvo como propósito principal el preservar el poder de la institución eclesiástica y la representatividad papal, además del disciplinamiento de las masas.

La Reforma vino a quebrar los quicios de esas puertas hasta ahora herméticas y a derribarlas, dejando el camino libre nuevamente, y levantando otra vez el principio del Nuevo Testamento y la iglesia primitiva de que la salvación estaba abierta a toda persona humana por medio de la fe. Como hemos podido ver en esta última sección, ese principio hizo que la ruptura se convirtiera en irreconciliable por la intransigencia de la iglesia oficial y, debido a que la salvación no podía obtenerse fuera de esa "Santa Iglesia". La Reforma le quitaba así a la iglesia el objetivo monopolio salvífico y lo colocaba subjetivamente sobre cada individuo. Las consecuencias fueron incalculables. A partir de allí, no solo la "vieja iglesia", sino las "nuevas iglesias" perdieron su rol mediador entre las personas y Dios.

Ahora bien, estas nuevas convicciones no estuvieron exentas de desviaciones y peligros. La salvación por fe y gracia mal entendida llevó muchas veces a un relajamiento de la ética y a un empobrecimiento del estilo de vida cristiano. Decían los adversarios de la Reforma, que esta doctrina —la de la salvación por la fe— provocaba la liviandad y carnalidad de los cristianos, así como también el abandono de las obligaciones religiosas. Ya vimos que los anabautistas, con su énfasis en el seguimiento, fueron críticos del mero "sola fide", y otro tanto sucedió desde el catolicismo. Esa objeción debió ser enfrentada desde los inicios:

> Por lo dicho, Cristo es la expiación de los pecados de todos y el camino de salvación; solo Él es camino y expiación; y lo es para aquel que confía en Él. De ese estado de cosas, aquellos que prestan muy poca fe al evangelio o que no lo han aceptado con pureza, creen poder deducir que todas las personas que se entregan confiadamente al evangelio llegan a ser licenciosas y terribles, pues —así dicen ellos— cuando el corazón humano escucha que todo es perdonado por Cristo con tanta benevolencia, entonces según su naturaleza, debe inclinarse con tanta más fuerza a la independencia… Quien se ha quebrado una pierna y encontró un médico que le arregló la pierna quebrada, no piensa: Tienes suerte de haber encontrado un médico así; ahora puedes romperte la pierna todas las veces que quieras, pues ese médico lo puede todo. Por el contrario, toda su vida, vaya donde vaya, se dirija donde fuera, observará todo cuidadosamente y se cuidará para no quebrarse la pierna por segunda vez. (Ulrico Zwinglio. *Verdadera y falsa religión*)

¿Y el equilibrio?

La relación personal de cada uno de los creyentes con la palabra de Dios (sin mediación de la iglesia) ha traído una nueva tensión para sortear que, por momentos, se ha vuelto irreconciliable. La Reforma, al proclamar el principio bíblico de la salvación por la fe, se sometió a una paradoja que no siempre logró ser resuelta en el dogma y en la vida práctica con equilibrio. Si la salvación es por fe, ¿qué peso tiene la piedad personal? Y si la vida piadosa tiene un peso salvífico, ¿en qué medida sigue siendo por fe? La salvación, como experiencia subjetiva de los individuos más allá de cualquier institución y la pérdida de referencias externas de autoridad, tuvo enormes consecuencias no sólo para la iglesia y la espiritualidad, sino también para la concepción moderna del individuo. Sin reglas ni autoridades humanas a quienes rendirles cuenta, la fe en la modernidad quedó "privatizada" y muchas veces sometida a la experiencia personal como última regla vigente de verdad.

Preguntas para reflexionar en comunidad

✓ ¿Es la salvación "eterna" un tema todavía relevante para las personas de nuestro tiempo?

✓ ¿Estamos descubriendo nuevos sentidos y dimensiones del concepto bíblico de salvación?

✓ ¿Cómo estamos resolviendo la tensión entre gratuidad de salvación y vida consagrada?

✓ ¿Qué valores le asignamos a formar parte de la iglesia?

✓ ¿Qué lazos o necesidades nos unen a una iglesia local?

✓ ¿De que manera podemos redefinir la relación individuo/fe/salvación/iglesia?

Capítulo 18

¿Un papa de papel?
(solamente la Biblia)

Pero antes que nada deben entender esto:
Ninguna profecía de la Escritura es de interpretación privada,
porque la profecía nunca estuvo bajo el control de la voluntad humana,
sino que los santos hombres de Dios
hablaron bajo el control del Espíritu Santo.

—2 Pedro 1.20–21

Lo que no tiene su origen en las Escrituras,
es sin duda del mismo diablo.

Cualquier enseñanza que no se encuadre con las Escrituras
debe ser desechada, aunque haga llover milagros todos los días.

Mi conciencia está cautiva a la Palabra de Dios.

—Martín Lutero

Existe una paradoja liberadora en la afirmación de la sola autoridad normativa de la Palabra de Dios. El principio de *sola scriptura* relativiza, necesariamente, toda tradición y toda autoridad humana, aun las eclesiásticas. Ningún liderazgo humano puede prevalecer sobre la conciencia del creyente si no puede fundamentarse en las Escrituras. Si algo desencadenó la Reforma del siglo XVI fue "ese Libro": la Biblia dejó de ser un texto para y de unos pocos divinamente autorizados a leerla e interpretarla, para que se convierta en el libro del pueblo cristiano. La llegada de la imprenta abrió caminos para que el libro ignorado y prohibido para las masas llegara a manos de todos, en su propio idioma, y el Dios de los murales se hiciera conocido. Lutero y los reformadores asumieron una posición contundente: la Biblia como Palabra de Dios es el punto de partida de cualquier discusión sobre la fe, es la voz de Dios mismo… ¿quieren ver a Jesús? ¡Lean su palabra!, es la presencia palpable del Dios vivo en medio de la humanidad, es el poder creativo de Dios, y es vida cuando es leída y predicada por y para los seres humanos. Rompían así los reformadores dos grandes diques de contención que habían separado al pueblo de la Biblia: que la única interpretación válida era la que realizaba el magisterio de la iglesia (el Papa y los doctores de la iglesia) y que la tradición eclesial tenía autoridad sobre la Escritura para definir su verdadero sentido.

Somos criaturas de hábitos. El cambio, si bien causa entusiasmo y genera cierta adrenalina en la proposición, en la acción nos pone incómodos; esa alteración en la rutina nos genera una incertidumbre sobre el futuro. Nuestros pies se sienten mejor apoyados en la estabilidad del pasado que en los desasosiegos del presente. Salir de la oscuridad a la luz es un paso, pero los ojos deben acostumbrarse a dicha luz. En el redescubrimiento de la lectura de la Biblia sucedió algo similar. En un principio, hubo un sobreestímulo de sensaciones y procesos no explorados anteriormente. El liberado debe aprender a vivir en libertad, en la inseguridad que propone guiarse por un texto que todo el tiempo debe ser interpretado de acuerdo con un contexto cambiante. Si no se valora esa nueva libertad y se la defiende, el creyente puede venderse nuevamente a un amo semejante al anterior. La ignorancia sobre su contenido, el dogmatismo, las interpretaciones autoritarias pueden ser algunos de esos amos. Antes la palabra "sacra" era dada por un hombre o una jerarquía como único interprete válido, los creyentes sabían del libro aquello que les era extraído de él. Hoy el libro es suyo, pero debe haber un proceso de apropiación. El libro de unos pocos es el libro de todos; sin embargo, en incongruencia con este hecho, podemos ignorar su contenido o absolutizarlo como una nueva ley. En ocasiones, la iglesia vuelve a renunciar a su estatus de libertad y prefiere que se le diga dónde están las reglas de antaño, dónde están las palabras que le pertenecen y cuál es el sentido que debe darle.

Las reglas que sirven para poder disfrutar de la libertad pueden convertirse rápidamente en una nueva cárcel, previo paso a un sistema religioso que puede volver a caer en la inflexibilidad. El dogmatismo bíblico también puede dejarnos presos de lo que pudieron haber sido nuestras propias garantías. ¿Qué pensamos cuando leemos un versículo de la Biblia? ¿Somos capaces de pensar de nuevo su sentido? ¿O estamos condicionados a lo que siempre se pensó al respecto? Es cierto que las interpretaciones tienen límites, pero estos deben ser lo suficientemente amplios como para correr, andar y desandar, construir y derribar pensamientos, ideas, hábitos y tradiciones.

Más temprano que tarde, los hijos de la Reforma descubrieron (recuperada la Biblia) que el problema es su interpretación. Ya no tenemos alguien que la interprete para todos. El texto bíblico es inmutable, es tinta impresa en un papel que podrá ser corroído por el tiempo, pero jamás cambiará; es un documento de texto protegido que no admite agregados o reemplazos, porque ése no es el campo de la reflexión: es solamente el punto de partida. La verdadera expansión está en el pensamiento de los lectores, quienes pueden jugar con las ideas, aplicarlas, compararlas con sus experiencias domésticas, ésas del hombre y la mujer común, no ajeno a su entorno, a sus labores diarias, a su familia, a su cultura y sus trayectorias.

Si nuestras reglas de interpretación dan a luz un texto inanimado, no encarnado, impensable o impracticable, la Biblia se convierte en un tirano debido al dogma que la deforma, quedando así muy lejos de ser un verdadero puente que nos ayude a ir y venir de ese mundo a veces tan distinto al nuestro pero que, si nos animamos a mirar con detenimiento, se convierte en un reflejo de nuestras propias realidades y nos ayuda a pensar que no somos distintos de aquellos que "caminaron con Dios", ni de aquellos a quienes Dios inspiró para escribir ese libro que a veces nos parece tan distante.

Necesitamos imperiosamente crear vínculos entre lo que leemos en la Biblia y lo que nos atraviesa en nuestra vida cotidiana, en nuestros contextos. Un corte entre la Palabra de Dios y la vida diaria es mortífero para la vida de la iglesia contemporánea y cada uno de sus miembros. En nuestro tiempo latinoamericano, es necesaria una vuelta a la Biblia, pero es vital que sus principios, sus valores, sus palabras y todo el consejo de Dios, sea interpretado a fin de que realmente cumpla su función de dar vida y guiar en justicia. Una actitud dogmática y cerrada —por más basada en la Biblia que pretenda estar—, la convierte en un "papa de papel" (según la luminosa frase de H. Cox), y ésa no era la idea de los reformadores.

Poniendo el caballo delante del carro: de la privada interpretación a la interpretación privada

Desde un comienzo quedó claro que el principio de la libre interpretación de las Escrituras implicaba riesgos, y no solo ventajas. Durante la Contrarreforma, fueron denunciados algunos de estos nuevos problemas:

> Para controlar los espíritus desenfrenados [el concilio] decreta que nadie, basándose en su propio juicio, podrá en asuntos de fe y moral referentes a la edificación de la doctrina cristiana, trastornando las Sagradas Escrituras de acuerdo con sus propios conceptos, presumir de interpretarlas contrariamente al sentido que la santa madre iglesia, a quien pertenece el derecho de juzgar por su sentido e interpretación verdaderos, ha mantenido o mantiene, o incluso en contra de la enseñanza unánime de los padres, a pesar de que tales interpretaciones en ningún momento deberán ser publicadas. (Concilio de Trento, 1545/1563)

Una debilidad se imputaba a las iglesias producto de la Reforma, con respecto a la interpretación del texto bíblico: que a la iglesia protestante le bastaba la libre interpretación de la Biblia, es decir, que cada individuo, por sí solo, y con la sola asistencia del Espíritu Santo, podía entenderla y darle la interpretación correcta sin la autoridad de un magisterio o grupo autoritativo colegiado (para el catolicismo fuera de este círculo estaba "privada la interpretación"). Pero ésta es una concepción inexacta o incompleta de lo que significó para los reformadores este nuevo principio.

Lutero, en su respuesta a las autoridades eclesiásticas e imperiales en la Dieta de Worms, explicitó un aspecto importante de lo que la autoridad de las Escrituras significada para él. Presionado para retractarse de sus escritos, el padre de la reforma respondió: "A no ser que yo esté convencido por la Sagrada Escritura o por razón evidente, no puedo retractarme, pues mi conciencia es cautiva de la Palabra de Dios, y el actuar contra la conciencia no es ni correcto ni seguro. Ésta es mi posición, no puedo tomar ninguna otra, así Dios me ayude". Podemos notar que Lutero dijo "a no ser que este convencido…", es decir que Lutero quería someter su conciencia a la comprensión que pudiera obtener de las Escrituras incluso en un debate en el que se propusieran argumentos en favor y en contra de una manera de leer el texto. La libre interpretación no implicaba necesariamente libertad para sostener opiniones individualistas o tendenciosas que no estuvieran contrastadas con otras posibles perspecticas. La tesis de Lutero es que la verdad estaba en las Escrituras, y que, por lo tanto, sus oportunos detractores y rivales deberían convencerlo sobre esa base. Su integridad intelectual se hallaba intacta en este sentido. Allí yace la semilla de la "interpretación privada".

Para los reformadores, existió una serie de principios complementarios que debían prevenir a los creyentes de interpretaciones arbitrarias o antojadizas. En primer lugar, la guía del Espíritu Santo como legítimo intérprete del sentido de la Palabra de Dios. En este plano, la interpretación no era considerada privada (dependiente de una voluntad meramente humana, como se sostiene en el texto de 2 Pedro 1.20–21), sino coherente con el propósito de Dios para la iglesia y el mundo. Para los reformadores, el mismo Espíritu que había inspirado a los autores originales era el que debía inspirar a los lectores. Pero esto no los relevaba del trabajo humano de traducir el texto y estudiarlo con empeño con todas las herramientas disponibles. Prueba de esto último es el modo en que la Reforma renovó el trabajo sobre las Escrituras por medio de nuevas traducciones, comentarios, exégesis y predicación expositiva de sus contenidos. Por ello, los reformadores (y no solo los anabautistas) insistieron en la necesidad de la iluminación del corazón como guía de la lectura:

Libertad

Entonces Jesús dijo a los judíos que habían creído en él: «Si ustedes permanecen en mi palabra, serán verdaderamente mis discípulos; y conocerán la verdad, y la verdad los hará libres». (Juan 8.31, 32)

"Ahora comprendes cuál es la iglesia infalible, a saber, aquella que se basa solo en la Palabra de Dios. Con ella no quiero hacer referencia a la Palabra compuesta solamente de letras y palabras…sino que me refiero a aquella que ilumina interiormente el corazón. Esa palabra interna reconoce en cada Palabra, sea quien fuere quien la anuncie, si ella proviene del Padre y Pastor o no". (Ulrico Zwinglio. *De la Religión falsa y verdadera*)

"Lo mismo puede decirse acerca de Dios. También Dios, en su majestad y naturaleza, tiene dentro de sí una Palabra o conversación en la que se envuelve consigo mismo en su divina esencia y en la que se reflejan los pensamientos de su corazón. Esta Palabra es tan completa y excelente y perfecta como Dios mismo. Nadie sino Dios ve, escucha o comprende esta conversación. Es una conversación invisible e incomprensible. Su Palabra existía antes que todos los ángeles y las criaturas, puesto que no fue sino después que Dios llamó a todas las criaturas a la existencia mediante esta Palabra y conversación". (Martín Lutero. *Sermón sobre el Evangelio de San Juan*).

Otro principio importante para los reformadores fue el desarrollo del método histórico-gramatical por encima del dogmático y el alegórico que había sido utilizado por la iglesia desde la Antigüedad y durante toda la Edad Media. La Reforma recuperó el estudio de las Escrituras en su contexto histórico, para luego poder aplicar su sentido al contexto del lector. También privilegió el sentido gramatical y literal de los textos por sobre el alegórico, aunque no lo abandonó por completo. De este modo, los reformadores enfatizaron que la tarea del intérprete consistía en aclarar el sentido que ya se encontraba explícito en el texto más que descubrir uno oculto (en contra del método alegórico). De igual modo, esos sentidos que se podían descubrir en la Escritura debían tener siempre más autoridad que las ideas que la misma iglesia podría haber sostenido por siglos. Es decir, sostuvieron que la voz de la Escritura debía tener preeminencia sobre la voz de la iglesia o de sus líderes, cualesquiera fueran los títulos que estos detentaran (en contra del método dogmático):

> "¿Por qué, pues, nos equivocamos conscientemente buscando la Iglesia, si Jesucristo nos ha dado una señal infalible, que nos asegura y certifica que hay Iglesia donde existe tal señal, y que, por el contrario, donde no la hay no existe nada que pueda darnos alguna muestra de que hay allí Iglesia verdadera? San Pablo ya nos dice que la Iglesia está fundada 'sobre el fundamento de los apóstoles y los profetas' (Ef 2.20), y no sobre opiniones de hombres ni sacerdocios". (Juan Calvino, *Institución de la religión cristiana*)

Finalmente, la adhesión de la iglesia a estos principios era para los reformadores un principio de interpretación en sí mismo. Es decir, la comunidad de creyentes dispuestos a interpretar la Palabra guiados por el Espíritu y en busca de la verdad, se convertía en sí misma en una regla comunitaria de interpretación y debía evitar las conclusiones erradas o sin fundamento. La historia posterior demostró que quizás en este punto fue en el que estuvieron más equivocados o en el que fueron ingenuamente optimistas. Es que la libre interpretación de las Escrituras —en los hechos—, abrió el camino a una cantidad casi indescriptible de interpretaciones divergentes y a una convicción creciente en la modernidad de que no puede haber un único sentido en su lectura.

Preguntas para reflexionar en comunidad

✓ ¿Qué lugar tiene el estudio sincero de las Escrituras en nuestra comunidad?

✓ ¿La leemos para confirmar lo que creemos o para descubrir lo que dice?

✓ ¿En qué medida hay en nuestro seno un "magisterio" y una "tradición" que pueden interferir en la interpretación?

✓ ¿Qué principios de interpretación bíblica conocemos y aplicamos a su lectura?

✓ ¿Cómo estamos cumpliendo la tarea de predicar y difundir la Palabra de Dios?

Capítulo 19

La gracia y lo gratis (solamente por la gracia)

*Porque por gracia ustedes han sido salvados mediante la fe;
esto no procede de ustedes, sino que es el regalo de Dios,
no por obras, para que nadie se jacte.*

—Efesios 2.8–9

*La salvación es un don de Dios. Por tanto, es algo
que el pecador recibe de forma inmerecida basada
en los méritos de Cristo alcanzados durante su vida, muerte y resurrección.*

Dios no necesita tus buenas obras pero tu vecino sí.

—Martín Lutero

En 1517, Johann Tetzel (1465–1519), monje dominico, fue designado predicador-recaudador de indulgencias por el arzobispo de Brandemburgo. Cuenta la historia/leyenda que dentro de sus predicaciones Johann incluía la promesa: "Tan pronto caiga la moneda a la cajuela, el alma del difunto al cielo vuela". Éstas eran sus palabras de arenga para todos los que pudieran escucharla y pagar el valor de las indulgencias que se podían adquirir en beneficio de los difuntos. Aquí los pobres no tenían impedimentos de progenie o linaje, tal vez la dádiva no podía cambiar la vida presente, pero sí prometía alivianar los tormentos del purgatorio de sus seres queridos ya muertos. ¿Quién podría querer ver a su amada madre sufrir terribles penitencias hasta expiar todos sus pecados si con algunas monedas la valla que la separaba del amoroso seno del Señor podía levantarse? Hoy nos resulta extraño que incluso un cándido niño pueda ser tan ingenuo para creer tamaña oferta y aceptarla. Pero en el pueblo creyente del siglo xvi, las miradas estaban vueltas hacia el destino después de la muerte, en una sociedad en que la vida era breve y estaba plagada de privaciones y sufrimientos. Mirando su escasez de recursos, su breve expectativa de vida, su universo circunscripto a una pequeña aldea o ciudad, podemos entender que el más allá fuera visto casi exclusivamente como una liberación y que la mayor preocupación estuviese dirigida a asegurar el ingreso a ese mundo de recompensas.

Como se ha expresado en capítulos anteriores, hubo en la historia de la iglesia una suerte de suspensión de la gracia, algo así como un "estado de sitio", donde todas las garantías espirituales procedentes de Dios fueron suspendidas por una iglesia que equivocó el camino al hacerse única intermediaria de esos dones. Desde el nacimiento de la predicación de la Reforma, el mensaje fue claro: Dios, solamente por su gracia, con base en lo que Cristo hizo en la cruz del calvario proclamado en las Escrituras, otorga la salvación. "Solamente por la gracia de Dios", es una proclama que la Reforma recuperó, que trajo nuevamente a la consideración pública y que se encargó de divulgar, para asegurarle a todo ser humano que Dios lo aceptaría más allá de sus obras de bien o su práctica religiosa.

La Biblia enseña que la gracia es la esencia de Dios. La misma Biblia proclama que el universo es creación de Dios; sea cual fuere la postura con respecto a cómo lo creo, el cristianismo acuerda en poner a Dios en el lugar del Creador indiscutible. Así versa la primera frase de las Escrituras: "En el principio Dios": fuera del creador, nada existía. Es así que todo existe por gracia; aun el más ínfimo y distante de los átomos del universo ha sido creado por gracia. No hay mérito en el universo sino en el creador; todo lo que existe, a excepción de Dios, alguna vez no existió. Llegamos a esta conclusión: si alguna vez no existió, difícilmente pudo hacer mérito alguno que le valga existir. Todo el resto de las Escrituras se ocupa en resaltar este aspecto de la forma de ser divina: la gratuidad de sus dones y la generosidad de su carácter.

Sin embargo, la iglesia no supo siempre sostener en alto esta convicción. El miedo a un Dios vengador e implacable parecía tener un mejor efecto sobre las conductas humanas, y las instituciones religiosas, mayor espacio para ejercer su rol mediador. Por último, resultaba más simple lavar las culpas con actos rituales que generar un cambio de actitud hacia la vida. Creció en la iglesia la imagen de un Dios siempre airado al que había que aplacar. Los pecadores algo debían hacer para expiar sus pecados ante Él. Como ya se ha dicho, pronto la iglesia desarrolló todo un sistema penitencial que permitía por medio de diversas ceremonias o sacrificios restaurar la paz entre el creyente y Dios con la imprescindible mediación de los representantes eclesiales.

Las clases económicamente pudientes vieron en las limosnas y ofrendas una forma práctica de eximirse de cumplir las penitencias y aun así limpiar su conciencia, de modo que la vida religiosa no distrajera su valioso tiempo para la generación de riquezas y el disfrute de ellas. Para ricos y pobres, la iglesia desarrolló —dentro del sistema de penitencias— las indulgencias; es decir, unos títulos emitidos por la jerarquía eclesial que podían ser adquiridos por dinero y que aseguraban diversos tipos de perdones a vivos y muertos. Pero debemos retener la idea de que éste era sólo el punto de llegada que hacía explícita una teología y unas prácticas de larga data y que podían resumirse en la siguiente idea: sin un pago u obra, no hay perdón.

Los reformadores rompieron abiertamente con estas concepciones, estableciendo un profundo correlato entre la acción salvadora de Dios en Cristo, el perdón de los pecados que surge de la cruz y la resurrección de Cristo, más la apropiación de esa salvación por medio de una fe que se aferra a esta promesa. La frase "sola gratia" alude a la concepción de la salvación como resultado de comprender y creer en la vinculación y sentido de esos eventos:

De ahí procede la imputación de la justicia sin obras, de que habla san Pablo; a saber, que Dios nos imputa y acepta por nuestra la justicia que sólo en Cristo se halla (Ro 4.5–8). Y la carne de Cristo, no por otra razón es llamada mantenimiento nuestro que porque en Él encontramos sustancia de vida. Ahora bien, esta virtud no procede sino de que el Hijo de Dios fue crucificado como precio de nuestra justicia, o como dice san Pablo, que "se entregó a sí mismo por nosotros, ofrenda y sacrificio a Dios en olor fragante" (Ef 5.2). Y en otro lugar, que "fue entregado por nuestras transgresiones, y resucitado para nuestra justificación" (Ro 4.25). De aquí se concluye que por Cristo no solamente se nos da la salvación, sino que también el Padre en atención a Él nos es propicio y favorable. Pues no hay duda alguna de que se cumple enteramente en el Redentor lo que Dios anuncia figuradamente por el profeta Isaías: Yo lo haré por amor de mí mismo, y por amor de David mi siervo (Is 37.35). Juan Calvino. *Institución*.

Desde que esas verdades fueron recuperadas de las Escrituras con claridad por los reformadores, se ha debatido y luchado para vivirlas haciendo justicia a la complejidad de su formulación y al sentido existencial que encierran. Determinar dónde está el centro de equilibrio que nos permita tener una verdadera vivencia espiritual basada en esa extraordinaria verdad del evangelio no resultó fácil en la tradición protestante. Por momentos, la interpretación ha oscilado hacia soluciones legalistas en pos de salvaguardar la santidad necesaria para no menospreciar los elevados estándares éticos del cristianismo. Pero esa reapropiación legalista ha terminado por oscurecer la alegría fulgurante del descubrimiento aquel del Dios de gracia. En otras ocasiones, el péndulo se ha inclinado con fuerza hacia la liberalidad, sin lograr reflejar entonces las marcas profundas de un estilo de vida renovado. En ocasiones, parecería que las iglesias de la tradición protestante se balancean sobre ese difícil abismo en una cuerda floja. En ese sentido, puede concluirse que la vida de gracia es a la vez un regalo y una búsqueda. Sea cual fuere el lado hacia el que la iglesia se incline, cualquier grado que se desplace, nos aleja de ese delicado punto en el que la gracia gobierna, pero la ética del evangelio es vivida en plenitud.

Gratis no es barato

El rescate de una vida tiene un alto precio, y ningún dinero será jamás suficiente. (Salmos 49.8)

"La gracia barata es la predicación del perdón sin arrepentimiento, el bautismo sin disciplina eclesiástica, la eucaristía sin confesión de los pecados, la absolución sin confesión personal. La gracia barata es la gracia sin seguimiento de Cristo, la gracia sin cruz, la gracia sin Jesucristo vivo y encarnado. La gracia cara es el tesoro oculto en el campo por el que el hombre vende todo lo que tiene; es la perla preciosa por la que el mercader entrega todos sus bienes; es el reino de Cristo por el que el hombre se arranca el ojo que le escandaliza; es la llamada de Jesucristo que hace que el discípulo abandone sus redes y le siga. La gracia cara es el Evangelio que siempre hemos de buscar, son los dones que hemos de pedir, es la puerta a la que se llama". (Dietrich Bonhoeffer. *El precio de la gracia*)

Pensar en la gracia como única fuente de la salvación, puede salvarnos, no tan solo de la perdición eterna, sino de la apatía. Pensar en la gracia y comprender su atributo de gratuidad, lejos de alejarnos de los méritos y de una vida de santidad debería llevarnos —como en el caso de nuestros padres reformadores— a gastar su vida y, como en muchos casos, a darla en pos de alcanzarla; no para tenerla, no para retenerla, sino para vivirla en agradecimiento, que es el modo de ponerle valor a lo que no tiene precio. Nos encontramos pidiendo un respiro y se nos ha regalado la vida. La salvación es gratuita, pero, paradójicamente, aquí quiere decir del más alto valor.

Preguntas para reflexionar en comunidad

✓ ¿Estamos dispuestos, como comunidad, a correr el riesgo de proclamar y vivir la gracia de Dios?

✓ La imagen de Dios que proyecta nuestra vida comunitaria, ¿en qué medida es el rostro de la aceptación y la gratuidad?

✓ ¿De qué modo la gracia ha permeado los hábitos de nuestra vida comunitaria?

✓ ¿Podemos dar y servir en gratuidad?

✓ ¿Cómo estamos manejando el equilibrio entre gracia y buenas obras?

Capítulo 20

Volver a creer
(solamente la fe)

Sin embargo, al que no trabaja,
sino que cree en el que justifica al malvado,
se le toma en cuenta la fe como justicia.

—Romanos 4.5

Tú no contribuyes en nada a tu salvación
excepto el pecado que la hizo necesaria.

—Jonathan Edwards

Nadie puede darse a sí mismo la fe, ella es don de Dios.

—Martín Lutero

Lutero y Zwinglio intercambiaron muchas cartas y, además, algún encuentro no del todo feliz. Si bien ambos compartían muchos de los artículos de la fe que estaban colaborando para redescubrir, diferían por lo menos en un punto importante. Lutero (como también Calvino más tarde) estaba muy preocupado por atribuirle a Dios todo el mérito de la salvación, sin atisbos de intervención o participación humana. Como ese era un punto en el que quería diferenciarse profundamente del catolicismo medieval, el reformador alemán hizo un énfasis especial en la elección y la predestinación. Es decir, si era Dios el que incluso elegía a los que habrían de salvarse ya en la eternidad, ¿qué jactancia u orgullo le podrían quedar al ser humano? Y, sobre todo, ¿qué función mediadora se podía atribuir el papa o una iglesia? Pero Zwinglio, en cambio, valoraba el libre albedrío, es decir, la capacidad del ser humano, aun degradado por el pecado, de hacer una elección propia por la justicia. El intercambio de cartas en las que discutían el punto subió mucho de tono. En una misiva, Zwinglio hizo una pregunta punzante: "Si admitimos que Dios elige, ¿cómo evita no tomar en consideración ningún mérito o condición favorable en los elegidos utilizando su presciencia?". Lutero, irritado y acorralado, replicó en una carta: "Lo que sucede es que, cuando Dios elige, actúa como loco!". Aclaremos que Lutero nunca incluyó esa declaración en una de sus obras teológicas: fue el exabrupto de una discusión. Él trataba de cerrar con un tajo un círculo paradójico inscripto en la teología cristiana: *es por fe para que sea por gracia*. Pero la fe también puede ser vista como una obra. Si esa obra la genera Dios, ¿cómo elige en quiénes generarla? Las preguntas no terminan nunca.

Si hay un tema en el cual Martín Lutero se debatió hasta su muerte, fue el del equilibrio entre la fe y las obras. Sin lugar a dudas, él recuperó para la iglesia el poder de la fe en el restablecimiento de la comunión Dios-hombre, librándolo de la serie de ritos que había puesto la iglesia como garantía de salvación y las obras como fórmula de acceso y posicionamiento ante Dios. No es de extrañar que, en medio de la lucha contra sus opositores e incluso frente a interpretaciones divergentes de otros reformadores, Lutero haya sido consumido por un celo que lo llevó incluso a tomar posiciones extremas.

Todavía no encontré lo que estoy buscando

Lo que la expresión "sola fide" quería significar cuando los reformadores la expresaron, era el sencillo hecho de que las personas recibían el perdón y la salvación en virtud de depositar su fe en Cristo, su vida, muerte y resurrección salvífica. Esto es, que no había ninguna obra religiosa o piadosa que les fuera requerida para acceder a la salvación, como tampoco podía haber ningún intermediario humano que facilitara ese acceso de las personas a Dios. Las personas, al creer en Dios como aquel que puede salvar, recibían la justificación, es decir, la declaración de justicia por parte de Dios sólo sobre la base de la fe.

Pero, como en otros puntos teológicos de la Reforma, la paradoja que planteaba una salvación totalmente dependiente de Dios, pero que debía ser vivida en plenitud en la vida del creyente, disparó una búsqueda por clarificar mejor cómo se producía ese acto de fe y sus consecuencias. Así, en la tradición reformada y evangélica se hizo costumbre analizar la vida cristiana en términos del orden de la salvación u "ordo salutis", en la que grandes pensadores cristianos trataron de identificar la secuencia (¿lógica?) y las etapas de desarrollo de la vida cristiana, buscando responder preguntas como: ¿Qué es primero, la regeneración o el llamado concreto? ¿La justificación es desde la eternidad o desde el acto de fe? Ésta y otras preguntas llenaron y llenan libros que, en alguna forma, tratan de extraer de nuestra Biblia un orden. Tarea especialmente difícil porque las Escrituras no son sistemáticas en estos temas y, por lo tanto, no exponen una secuencia precisamente trazada. Allí es donde la ortodoxia busca a ese "papa de papel" que responda preguntas que, tal vez, muy pocos cristianos se han hecho realmente.

¿Qué es la fe?

"La virtud teologal de la fe se caracteriza por una singular complejidad. En las reflexiones aquí presentadas no se trata de definir la fe desde el punto de vista de la teología dogmática, sino de dar la concepción de la fe según la teología de la vida interior. La fe del Nuevo Testamento es la respuesta del hombre a la revelación de Dios en Jesucristo.

Esa fe es la participación en la vida de Dios, es la experiencia de la vida de Dios en nosotros, que permite vernos a nosotros mismos, y a la realidad que nos rodea, como si lo hiciéramos con los ojos del Señor. Es adherirse a la persona de Cristo, de nuestro maestro, Señor y amigo; es apoyarse en Cristo, en esa roca infalible de nuestra salvación, y abandonarse a su infinito poder y a su amor ilimitado. Ante la impotencia humana, la fe se convierte en una búsqueda incesante de la inagotable misericordia de Dios, y en la actitud de espera de que todo nos llegue de él". (Tadeusz Dajczer, *Meditaciones sobre la fe*)

Quizás una de las ideas más interesantes en este sentido acerca del *sola fide* es el hecho de que "las operaciones de gracia están unidas como eslabones de una cadena", tal como lo describe Abraham Kuyper (1837–1920) en su libro "La obra del Espíritu Santo"; en este sentido, fe no es admitir una realidad, sino comprometerse con ella. No es una adhesión intelectual, sino un acto de las personas que involucran la mente, la voluntad y los afectos; es la emanación de una vida transformada. La fe de la que hablaban los reformadores no puede ser pensada como un simple asentimiento mental, o el acuerdo racional con ciertas declaraciones dogmáticas, o la persuasión moral, sino que se trata de un acto de confianza existencial por el cual una persona fía su vida en Dios y en sus propósitos benéficos para los que confían en Él.

El diálogo
como base de solución de problemas

Disipada la humareda de los combates teológicos, y revisadas a uno y otro lado de la línea de fuego las propias posiciones, con el tiempo católicos y protestantes se han puesto a repensar la salvación por la fe. En las últimas décadas, las distintas expresiones y denominaciones desprendidas de la Reforma han comenzado a transitar el camino de un diálogo respetuoso con la Iglesia Católica, basado en la construcción sobre los puntos en común y no sobre las diferencias que han resultado irreconciliables a lo largo de estos cinco siglos. Muchas veces, el equívoco o la ignorancia mutua impidió considerar cuestiones fundamentales como ésta bajo una misma luz. Afortunadamente, en los últimos años, ha sido posible dialogar para encontrar lenguajes comunes, aunque todos no puedan estar de acuerdo ni se pueda coincidir en un punto: el intento de síntesis tiene su valor. Esto podemos observarlo en la Declaración Conjunta sobre la Doctrina de la Justificación [*Joint Declaration on the Doctrine of Justification*] (1997), suscrita por la Federación Luterana Mundial y la Iglesia Católica, sobre la justificación por la fe y por medio de la gracia.

> "Juntos confesamos que los pecadores son justificados por la fe en la acción salvadora de Dios en Cristo. Por la acción del Espíritu Santo en el bautismo, se les concede el don de la salvación, que sienta las bases de toda la vida cristiana. Estos ponen su confianza en la promesa de la gracia de Dios por la fe que justifica, que incluye la esperanza en Dios y amor por él. Tal fe es activa en el amor y así el cristiano no puede ni debe permanecer sin obras. Pero cualquiera que anteceda o suceda el don de la fe no es ni la base de la justificación ni la amerita".

Preguntas para reflexionar en comunidad

✓ ¿De qué modo podemos hacer de la fe el centro de la vida comunitaria?

✓ ¿Nuestras decisiones individuales y de comunidad podrían ser definidas como "decisiones de fe"? ¿Por qué?

✓ ¿Percibimos cómo el llamado de la fe interpela a nuestras prácticas y nuestra tradición?

✓ ¿Cómo estamos manejando la tensión entre fe y obediencia?

✓ ¿Podrían ayudar a elaborar una nueva síntesis la idea de la fe como fidelidad? ¿De qué forma?

Capítulo 21

Cuéntame la vieja historia (sólo Cristo)

*Al que no cometió ningún pecado,
por nosotros Dios lo hizo pecado,
para que en él nosotros fuéramos hechos justicia de Dios.*

—2 Corintios 5.21

*Pero yo testimonio y les suplico
que por el advenimiento de Jesucristo Nuestro Señor,
que todos los que vean u oigan o perciban de alguna manera
la verdad de Dios, quieran aceptarla también en la verdad de Cristo,
es decir, en la manera, camino y forma que Cristo enseñó y demostró.
Es decir, negándose a sí mismo, a fin de que puedan estar ante su trono
y juicio, inocentes, seguros. De otra manera,
la verdad es y puede ser para ustedes
la mayor mentira por vuestra equívoca conducta.*

—Hans Denck

*El dueño de un prostíbulo no peca menos que un predicador
que no entrega el verdadero Evangelio.
El prostíbulo es tan ruin como la iglesia del falso predicador.*

—Martín Lutero

Con palabras y narraciones en latín, llena de ritos incomprensibles, reducida a iconografías e historias de hombres y mujeres extasiados, vacía de Cristo, ésta era la religión de la cual formaba parte Lutero y, por supuesto, muchos de los clérigos de la iglesia del siglo xvi, que luego abrazarían la Reforma. Recuperar las Escrituras en el idioma vernáculo de los creyentes trajo inevitablemente aparejada la conciencia de un Jesús más humano, más cercano, amigable, al alcance de sus adoradores y, lo que es mejor, sin intermediarios; el "Jesús, amigo de los hombres", al que luego celebraría la música de J. S. Bach. En el Occidente cristiano, había prevalecido durante toda la Edad Media la imagen del Cristo perpetuamente torturado en la cruz. Pero ese sufrimiento no lograba ser visto como un anuncio de salvación, sino como una advertencia de la inevitable resignación de los oprimidos. No emanaba de ese Cristo una alegría salvífica, sino más bien una tristeza condenatoria. Se imponía una cristología del temor y del sufrimiento. De aquel que condenaba a las multitudes a resignarse primero frente a los sufrimientos de un sistema opresor, luego a los del infierno y, en el mejor de los casos, a los de un purgatorio no mucho mejor que el infierno, para que, en una oportunidad lejana, se pudiera entrar a un cielo de ensueño. Nada de redención o sustitución: dominaba la idea de imitación, de la que no se podía extraer la alegría de una salvación segura. Los cristos medievales parecían invitar a los fieles solamente a compartir la cruz con él, sin mañana de resurrección, sin certeza de victoria.

Pero las Escrituras llegaron a manos del pueblo y se recuperó la historia de Jesús, narrada en los evangelios y la interpretación salvífica que sobre todo las cartas paulinas hacen de aquellos acontecimientos. Ese redescubrimiento, un verdadero renacimiento, no ya del arte, sino de la fe cristiana, alcanzó para que Cristo ocupara de nuevo el centro de la escena y lo hiciera bajo mejores luces. Es que si resultaran destruidas las Escrituras, y sólo quedaran unos pocos fragmentos que pudiéramos elegir, es posible que fuera inteligente e inspirado mantener las palabras de Dios a través del apóstol Pablo en su segunda epístola a los Corintios:

Así que de ahora en adelante no consideramos a nadie según criterios meramente humanos. Aunque antes conocimos a Cristo de esta manera, ya no lo conocemos así. Por lo tanto, si alguno está en Cristo, es una nueva creación. ¡Lo viejo ha pasado, ha llegado ya lo nuevo! Todo esto proviene de Dios, quien por medio de Cristo nos reconcilió consigo mismo y nos dio el ministerio de la reconciliación: esto es, que en Cristo, Dios estaba reconciliando al mundo consigo mismo, no tomándole en cuenta sus pecados y encargándonos a nosotros el mensaje de la reconciliación. Así que somos embajadores de Cristo, como si Dios los exhortara a ustedes por medio de nosotros: «En nombre de Cristo les rogamos que se reconcilien con Dios". Al que no cometió pecado alguno, por nosotros Dios lo trató como pecador, para que en él recibiéramos la justicia de Dios. (2 Corintios 5.16–21)

Allí yace el principio redentor de Dios, la sustitución y la respuesta a la incógnita de cómo podía Dios salvar a la humanidad pecadora, cómo podía introducir el principio de redención en una humanidad que le daba la espalda. Por siglos, esa ecuación quedó sin resolver bajo el silencio de una iglesia que ya no supo cómo expresar las buenas noticias de ese misterio. ¿Cómo podría exponer Dios su particular modo de hacer justicia? ¿Su profundo deseo de salvar? ¿Qué costo habría que pagar? ¿Qué costo estaba dispuesto él mismo a pagar? En el evangelio Dios revela en Cristo su justicia (Romanos 1.17), su original manera de hacer justicia, por la que está dispuesto a cargar sobre sus hombros el peso del mundo. El gran aporte de la Reforma fue, en última instancia, redescubrir la historia de Jesús el Cristo en vida, pasión y muerte como la piedra fundamental sobre la cual construir el edificio de la fe.

Mantener viva la memoria

Fue difícil no torcer la historia a lo largo de dos milenios. Los primeros cristianos fueron los primeros artífices responsables de sostener la historia de Cristo, de mantener el equilibrio entre el Mesías Judío y el Dios hecho carne. El uno y el otro con tensiones, pero sin contradicciones. El Jesús histórico y el Cristo de la fe, dirán los teólogos. En este esfuerzo más que humano, la iglesia necesitó recurrir a distintas mediaciones, conceptos y alegorías para rendir el sentido de la historia del carpintero galileo, poderoso en obras y portentos. Para ello, los apóstoles y luego los Padres de la Iglesia necesitaron batallar entre los términos de la cultura grecorromana y los de la tradición bíblica: Logos, Cristos, Pantocrator, Kiryos, fueron algunos de los términos con los que intentaron dar cuenta del misterio del que hablaban: El Dios hecho hombre. ¿Cómo lograr la ecuanimidad entre el Siervo sufriente del Señor relatado por el profeta Isaías y el Dios "no conocido en el cual somos y nos movemos" de Pablo? ¿Cómo dar cuenta de toda la riqueza vital de la encarnación del Hijo de Dios? Luego, la teología medieval y los ritos de que se recargó la vida eclesial oscurecieron la sencillez del mensaje. Ocultaron su escándalo, desarmaron la paradoja, silenciaron su potencial desafiante y revitalizador.

El grafito de Alexámenos es un grafiti del siglo I encontrado en un muro en el monte Palatino, en Roma. Se lo considera la primera representación pictórica conocida de la crucifixión de Jesús. La imagen representa a un hombre crucificado con cabeza de burro, mientras a su lado se encuentra otro hombre con la mano levantada, en lo que se piensa un acto de adoración. Alexámenos (supuesto nombre del adorador del dibujo) adora a un Dios muy lejano de la idea de los dioses grecorromanos del primer siglo y, por eso, es víctima de burlas. De alguna manera, la Reforma tuvo el coraje de recuperar la locura que refleja esa imagen. El apóstol Pablo declaraba a los creyentes de Corinto que la cruz (y con ella, Cristo mismo) era una insensatez para el mundo grecorromano (1Co 1.23). La predicación de los reformadores vino a colocar de nuevo la necesidad de la predicación en emedio de la vida de la iglesia.

Un Dios desnudo y crucificado

Si uno va al salón de la embajada de Italia en Roma, frente a la Santa Sede, puede apreciar una pequeña escultura de un Cristo crucificado, con la cabeza inclinada, de escasos cuarenta centímetros, tallado en madera de tilo. Lo particular de esta escultura es la serena belleza de un Crucificado que está enteramente desnudo. No tiene nada que lo cubra. Hasta casi pareciera que no posee las marcas lacerantes de la cruel pasión. Solamente está expuesto en una entrega extrema, en una ofrenda calma y en una singular y total desnudez que es mucho más que la metáfora del abandono y desamparo que sufrió el Señor Crucificado.

Esa desnudez es una buena metáfora del aporte de las ideas de la Reforma. Repusieron al Cristo desnudo y despojado de la predicación cristiana original. Sin los agregados de una teología demasiado especulativa para poder vincularse con la vida y los padecimientos cotidianos de las personas. Sin los aditamentos de complejos ritos y mediadores que alejaban más que acercar al Salvador de los necesitados de salvación. Sin las representaciones lacerantes que solo contaban la mitad de la historia y casi ya sin significados vitales. La Reforma recuperó para Jesús el título y las funciones de Salvador de las personas para Cristo, y se invitó a los hombres y mujeres de fe a entablar una relación más profunda y real con Él, una relación que sólo entonces se pudo pensar comparable con quienes anduvieron los caminos de Galilea en el primer siglo.

Jesús, verdadero y auténtico

"Sé muy bien que no me faltan motivos para exhortar con tanta vehemencia al conocimiento del Cristo verdadero y auténtico. No, que no es Cristo una persona que nos exija algo de lo nuestro; es, con mucha más propiedad, un mediador que reconcilia a los pecadores del mundo entero con Dios. Por eso, y ya que eres un pecador, como en la realidad lo somos todos, no te lo imagines como un juez sentado en el arco iris, puesto que eso te llenará de terror y de desesperación; es mucho mejor que lo imagines como hay que representarle, es decir, tal como le ves y le conoces: como el hijo de Dios y de la virgen María. Personificado de esta manera, no puede asustar a nadie, no martiriza ni tortura, no nos desprecia a nosotros, pobres pecadores, no nos pide que le rindamos cuenta de nuestra vida, de esta vida que tan mal hemos llevado; sino que es una persona que ha quitado los pecados del mundo entero, que ha querido ser crucificado y aniquilado por propia voluntad. De esta forma es como tienes que irte acostumbrando a ver a Cristo, a conocer quién y qué es. De mucha utilidad te resultará aprender el significado de la palabra 'nuestros'; es decir, que has de tener la certidumbre de que Cristo ha quitado no sólo algunos, sino todos los pecados de todo el mundo. Porque por todo el mundo se ha entregado cierta y verdaderamente, aunque no todo el mundo lo crea. Por eso, no tienes que limitarte a reconocer que los tuyos son pecados verdaderos, sino que has de reconocer también que son pecados tuyos y de nadie más. Quiero decir que tienes que comprender y creer que Cristo no se ha entregado sólo por los demás hombres, sino que lo ha hecho también por tus pecados. A esto me acojo yo sin vacilar, y tú no te desvíes nunca de esta figura de Cristo, que constituye también el deleite de los ángeles en el cielo. Porque Cristo, según su retrato vivo, no es un Moisés, un carcelero o un verdugo; es un mediador que nos reconcilia a nosotros, pobres pecadores, con Dios; que nos regala su gracia, vida y justificación; que se ha entregado a sí mismo, no por nuestro mérito, por nuestra santidad o justicia, ni por nuestra honra o nuestras buenas obras, sino por nuestros pecados. Pues, aunque Cristo en ocasiones interprete la ley, no es éste su ministerio propio ni para eso ha sido enviado por el Padre". (Martín Lutero. *Charlas de sobremesa*)

Preguntas para reflexionar en comunidad

✓ ¿Cómo estamos logrando darle centralidad a la persona de Cristo en nuestra comunidad?

✓ ¿En cuáles experiencias de la misión comunitaria se expresa la humanidad de Cristo?

✓ ¿Cómo podemos manifestar mejor su divinidad al mundo?

✓ ¿Puede nuestra experiencia comunitaria ser definida como un seguimiento del Salvador?

Soli Deo Gloria
(epílogo doxológico)

*Al que puede hacer muchísimo más
que todo lo que podamos imaginarnos
o pedir, por el poder que obra eficazmente en nosotros,
¡a él sea la gloria en la iglesia y en Cristo Jesús
por todas las generaciones, por los siglos de los siglos! Amén.*

—Efesios 3.20–21

*¿Cuál es el fin principal del hombre?
El fin principal del hombre es el de glorificar a Dios,
y gozar de Él para siempre.*

—Catecismo Menor de Westminster

Si tuviéramos frente a nuestros ojos una partitura de una obra del compositor Juan Sebastián Bach (1685–1750) veríamos que al pie del texto aparece una breve declaración luego del último acorde: *Soli Deo gloria*. Esta sintética exclamación doxológica quería significar que, independientemente del valor que pudiera tener esa obra, estaba destinada en última instancia a dar honra a Dios y que, al mismo tiempo, las virtudes o méritos que se pudiesen encontrar en ella debían atribuirse a la gracia de Dios como creador y sustentador. Una ulterior concepción que emanaba del *Soli Deo* era el carácter espiritual de todas las dimensiones de la vida, rompiendo así la dicotomía secular/sagrado, para sostener que todas las vocaciones de la vida se podían vivir con el mismo sentido y propósito. Si una declaración como esta podía aparecer en una obra musical no específicamente sacra, era por una nueva consideración sobre las relaciones de la fe con la vida en toda su diversidad y riqueza. Las iglesias de la Reforma proclamaron la jubilosa noticia de que todos los creyentes han sido llamados para glorificar a Dios a través de su profesión en el mundo cualquiera fuera ella. Es decir, que la vida religiosa no es la única forma de existencia que honra a Dios, sino que cada uno desde su particular vocación está igualmente convocado a darle a Dios todo el honor y la gloria por cada cosa que es y hace. Esta idea venía reforzada por otra de similar significado: lo que se dio en llamar el sacerdocio universal de todos los creyentes, como veremos a continuación.

Al parecer, en la tradición protestante, en algunas generaciones después de los reformadores se había consolidado esta convicción como parte de la piedad protestante: *Solo Dios merece la gloria*: no podía haber un mejor corolario para una teología que había luchado para poner a Dios y sus dones de nuevo en el centro de la escena. Sin embargo, no resulta nada claro cuándo quedaron definidas las "cinco solas", declaraciones que consideramos centrales de la fe en la tradición reformada (Escritura/Gracia/Fe/Cristo/Sólo a Dios la Gloria). Al parecer, las tres primeras las utilizaron explícitamente los propios reformadores del siglo XVI. El *solo Cristo*, aunque no haya sido expresado de ese modo en un principio, emanaba en cada página del nuevo pensamiento en curso. El *Soli Deo Gloria* está presente por lo menos desde el siglo XVII, pero es posible que las cinco solas no quedaran consolidadas como tales antes del siglo XIX o incluso el XX. Como toda síntesis, las *cinco solas* tienen la fortaleza de la claridad y la brevedad; pero, como podemos comprobar con solo leer este u otros textos sobre la Reforma, padece también de un inevitable reduccionismo. Por ello, para dar cuenta de la riqueza del pensamiento y experiencia viva de la tradición reformada/evangélica, habría que agregar una serie de conceptos de similar trascendencia teológica, pastoral, misionológica y espiritual paralelos a las famosas cinco declaraciones. Mencionemos solo algunas que, de una u otra forma, hemos destacado a lo largo de este libro.

Le debemos a la Reforma la introducción en el pensamiento tardo medieval y moderno del concepto de libertad de conciencia. En un mundo medieval dominado por el concepto de autoridad absoluta y obediencia prácticamente ciega, muchos reformadores desafiaron su época con la revolucionaria idea de que nadie podía ser obligado a creer o practicar aquello de lo que no estaba convencido. Este mérito es en justicia mejor atribuido a los anabaptistas que a otras corrientes protestantes. Ningún otro grupo fue tan integro con la defensa de la libertad de credo y con la consecuente búsqueda de la paz social como alternativa a la violencia de los poderes reinantes. Pero incluso Lutero, quien no siempre se adhirió a este principio, de algún modo lo inauguró al negarse a someter su conciencia al papado. Él, y muchos otros cristianos de su tiempo, reclamaron con valentía su derecho a elegir libremente en qué creer y cómo hacerlo basado en las Escrituras. Fue Lutero el que dedicó todo un tratado a demostrar cómo el concepto de salvación por fe y gracia era un grito de libertad para los cristianos que ya no necesitaban ver oprimidas sus conciencias bajo los dictámenes de dogmas o líderes religiosos abusivos. De modo que podemos agregar una sexta sola: *Sólo la libertad.*

El redescubrimiento de la iglesia como comunidad de los creyentes fue otra de las transformaciones que aportó la Reforma a la vida de la iglesia. Si bien no todos los reformadores concibieron de igual modo la vida eclesial, sí convinieron en que la iglesia era la voluntaria congregación de los creyentes en su deseo de vivir el evangelio. Este principio rompió con el modelo de la iglesia territorial, debilitó la nominalidad de creerse cristiano por la sola y lábil adhesión a unas pocas ideas en un estado cristiano. Por otra parte, quebró el poder del clericalismo, pues una idea inseparablemente unida a la idea de la iglesia como comunidad, fue la concepción del sacerdocio universal de todos los creyentes, iguales en dignidad espiritual y separados sólo por oficios y funciones. Es decir, se trataba de una reconsideración total de la vida religiosa, al afirmar que en un sentido profundo en el cristianismo no puede existir un "clero". Es decir, una casta de personas que por formación o delegación detentan unos privilegios o responsabilidades especiales que los hacen los verdaderos intermediarios ante Dios. Los reformadores renovaron un llamado a toda persona a honrar y servir a Dios como un sacerdote desde la propia vocación cualquiera esta fuese. No se trataba de dejar la fe y la iglesia en manos de profesionales para dedicarse a la vida "secular", sino, por el contrario, de sostener que la vida cotidiana debía adquirir un nuevo significado al ser vivida como un llamado, una vocación, una profesión (todas palabras profundamente espirituales). El *Soli Deo* era la consecuencia lógica de colocar toda obra humana bajo esta nueva perspectiva en la que cada cristiano se hacía portador de Dios y de la fe en el mundo. De esta manera, podemos agregar a las solas de la Reforma esta otra: *Sólo la comunidad de fe.*

Por último, vale destacar el lugar que el seguimiento adquirió en el pensamiento reformado. Basados en los textos de los evangelios, muchos predicadores y autores de la Reforma enfatizaron que el seguimiento a Cristo en la vida concreta y real era la única evidencia significativa que podía aportar la iglesia al mundo como testimonio de su fe. Vivir como Cristo vivió en cada nuevo contexto por el que la iglesia tenía que atravesar, fue desde allí un nuevo y vital desafío para los cristianos de todos los tiempos. El concepto de seguimiento colaboró para resolver la falsa dicotomía entre ética y gracia, obediencia o fe, al mostrar que ambas cosas se expresaban juntas en la vida de cada persona que respondía al llamado de la fe, en un caminar que depositaba los ojos en el ejemplo de Cristo y respondía a su: Sígueme. Como diría un teólogo luterano muchos siglos después, los reformadores descubrieron que el seguimiento es la alegría. Finalmente, podemos agregar otro *sola* a todos los demás: *Sólo por el seguimiento.*

Resta en nuestro tiempo y en los que vendrán reactualizar cada uno de estos pilares de la fe renacidos en la Reforma a fin de hacerlos vitales para la iglesia y el mundo en el que vivimos y militamos. Nuestras vidas y comunidades de fe le deben mucho a esta extraordinaria etapa de la historia de la iglesia. Es nuestra responsabilidad conocer y recuperar ese extraordinario legado. Y no solo eso, en la historia de la Reforma y en el pensamiento de los reformadores permanece viva una riqueza espiritual que aún nos habla y nos interpela en nuestro hoy y para nuestro mañana. *Soli Deo Gloria.*

Apéndice 1

Personas y personajes de la Reforma (mencionados en este libro)

» **Andreas Osiander (1498–1552).** Sacerdote, teólogo y editor que impulsó la Reforma en Nuremberg. En la polémica de Lutero con Zwinglio sobre la cena, adoptó la defensa del primero. Hizo importantes aportes a la teología protestante polemizando en diversos puntos con Melachton y otros destacados teólogos del movimiento.

» **Andreas von Karlstadt (1477–1541).** Líder de la reforma luterana que compartió con Lutero la primera etapa en Wittenberg. Luego se distanció de éste por diferencias sobre el tipo de cambios que debían llevarse adelante. Karlstadt sostenía la necesidad de reformas más radicales que incluían una preocupación por la reforma y la igualdad social.

» **Baltasar Hubmaier (1480–1528).** Como cura párroco de la ciudad de Waldshut (Austria), recibió la influencia de Zwinglio para abrazar la Reforma. Pero influido por Reublin, se hizo rebautizar y abrazó el anabautismo en 1525. Encarcelado y torturado más de una vez, fue ajusticiado en la hoguera en 1528. Se lo considera uno de los teólogos más destacados del movimiento.

» **Conrado Grebel (1498–1526).** Dirigente fundador del grupo de anabautistas suizos. Primero discípulo de Zwinglio en Zurich, luego rompió con éste al no estar de acuerdo con el rumbo de la Reforma en la ciudad. Junto con otros jóvenes estudiosos de las Escrituras llegó a la conclusión de la necesidad de fundar una nueva comunidad con base en el bautismo. Sufrió persecución y cárcel que, en parte, le provocaron la muerte.

» **Jorge Cajacob, "Blaurock" (1492–1529).** Sacerdote en Chur, Suiza, se unió a la Reforma de Zwinglio. El estudio de la Biblia lo llevó a contradicciones con su maestro; participó en el primer bautismo de adultos en Zurich, y en 1525 fundó la primera comunidad anabautista en Zollikon. Desterrado de la ciudad, se convirtió en un predicador ambulante. Fue ajusticiado en la hoguera.

» **Enrique VIII (1491–1547).** Rey de Inglaterra fiel al papado durante la primera disputa luterana. Pero a partir de 1529, cambió de posición ante la negativa papal de anular su matrimonio con Catalina de Aragón. Separó la iglesia de Inglaterra de Roma y conformó una iglesia nacional de la que él era el jefe supremo. Mantuvo una posición distante con las ideas protestantes, que luego se impusieron durante el largo reinado de su hija Isabel I.

» **Félix Manz (1498–1527).** Hijo natural de un sacerdote católico, fue uno de los jóvenes entusiastas que se sumó a la reforma de Zwinglio en Zurich. Pero luego, desencantado con la moderación de aquel para poner en práctica las enseñanzas bíblicas, fundó el grupo disidente de los hermanos suizos en Zurich. Se lo considera el primer mártir del movimiento.

» **Franz Von Sickingen (1481–1523).** Noble alemán que abrazó la Reforma luterana, luchó por la secularización de los bienes eclesiásticos y lideró la revuelta de los caballeros (1523); una rebelión contra la alta nobleza alemana en la que fue derrotado y muerto.

» **García de Loysa y Mendoza (1478–1546).** Sacerdote dominico, llegó a ser maestre general de la orden, presidente del Consejo de Indias, obispo y cardenal. Nombrado confesor del emperador Carlos V en 1522, le aconsejó una política prudente frente a los príncipes alemanes adherentes a la Reforma, tratando de evitar la represión y la guerra que pudieran generar una rebelión general.

» **Hans Denck (1497–1527).** Recibió una formación humanista y desempeñó la docencia en diversas ciudades. Fue influido por el espiritualismo de Muntzer y Karlstadt. Por sus diferencias con los reformadores oficiales fue expulsado de la ciudad de Nuremberg donde ejercía la docencia. Fue rebautizado en 1525 y se convirtió en un líder anabautista. En sus obras se destaca una búsqueda de un cristianismo profundamente auténtico, marcado por el seguimiento y la escucha de la voz de Cristo dirigida al alma del creyente.

» **Jacobo Hutter (1500–1536).** Pequeño artesano tirolés que abrazó el anabautismo en 1529. Fue ordenado ministro del movimiento, y por influencia de Juan Hut organizó a las nuevas comunidades para que practicaran la comunidad de bienes. Perseguidas en Austria, migraron a Moravia, donde por un tiempo gozaron de paz, pero con el cambio de esa política sufrió nuevamente la persecución y la cárcel. Fue ajusticiado en 1536.

» **Jan Matthys (1500–1534).** Panadero en Amsterdan, se convirtió al anabautismo por la predicación de Melchor Hoffman hacia 1520. Siguió a su maestro en su fe profética y apocalíptica, pero le agregó el condimento de la resistencia activa y la lucha armada. Identificó a la ciudad de Munster como la Nueva Jerusalén. Murió en batalla tratando de defender la ciudad frente a las fuerzas militares que la sitiaban.

» **Jodocus van Lodenstein (1620–1677).** Predicador y poeta holandés. Estudioso y profesor de lenguas orientales. Fue el iniciador de la reforma de la vida y moral en los Países Bajos. Para las Iglesias reformadas holandesa y alemana, fue lo que Spener para la Iglesia luterana en Alemania y, por esa analogía, fue seguido por una facción de los "lodensteinanos", que se mantenían alejados de la vida externa de la iglesia sin separarse formalmente, al contrario de los seguidores de Labadie, quienes eran disidentes abiertos. Fue un reformador de la vida práctica, no de la doctrina.

» **Juan Brenz (1499–1570).** Reformador alemán formado en Heidelberg. Fue ordenado al sacerdocio en 1520 y enviado a Suabia, donde recibió la influencia de Lutero y se sumó al movimiento reformador. Participó de manera destacada en numerosos debates teológicos de la época, sosteniendo posiciones cercanas a las de Lutero.

» **Juan Calvino (1509–1564)**. Pertenece a una segunda generación de reformadores. Lideró la reforma en Ginebra, Suiza, y desde allí ejerció una profunda influencia en toda la Europa. Desarrolló una doctrina propia sobre la predestinación, que lo ha inmortalizado; su obra teológica más importante es la *Institución de la religión cristiana*, que por mucho tiempo fue la teología más influyente del mundo protestante.

» **Juan Ecolampadio (1482–1531)**. Formado en Boloña y Heidelberg, fue un destacado erudito en latín, griego y hebreo. Influido por Erasmo y Lutero, hacia 1520 había adoptado ideas reformadas. En 1522 se trasladó a Basilea, donde fue profesor universitario y ministro. Su enseñanza y predicación fueron de enorme influencia para que la ciudad adoptara la Reforma.

» **Juan Huss (1370–1415)**. Predicador y reformador nacido en Bohemia, es considerado uno de los precursores directos de la Reforma protestante. Profundamente influenciado por la obra de Juan Wycliff, sostuvo la primacía de las Escrituras sobre la tradición; se opuso a la venta de indulgencias y denunció la corrupción de la jerarquía eclesiástica de su tiempo. Fue martirizado en el Concilio de Constanza.

» **Juan Hut (1498–1527)**. Predicador y colportor nacido en Alemania, su trabajo de vendedor de libros lo expuso a las ideas de Lutero, a las que se adhirió rápidamente. Pero luego se distanció de la reforma oficial debido a la influencia de Tomás Muntzer. Fue rebautizado en 1526 y se convirtió en un predicador ferviente de un mensaje profundamente apocalíptico; entre las señales distintivas de su predicación estuvo la comunidad de bienes. Fue torturado y muerto en 1527 debido a su predicación.

» **Juan Wycliff (1320–1384)**. Es considerado un precursor de la Reforma. Crítico de la iglesia oficial y de las políticas de la Santa

Sede, comenzó un movimiento de predicación de la Biblia en el idioma vulgar en su Inglaterra natal. En temas eclesiológicos y teológicos, anticipó muchas de las posiciones adoptadas por los reformadores posteriormente.

» **Kaspar von Schewenkfeld (1489–1561).** Aristócrata, diplomático y teólogo adherido a las ideas de Lutero. Luego se distanció de este por destacar la importancia de la iluminación interior del cristiano y acerca de la observancia de la cena. Llegó a proponer la suspensión del partimiento del pan hasta que los protestantes pudieran resolver sus diferencias al respecto. Fundó una iglesia separada de la luterana, que sobrevive hasta el presente en Europa y Estados Unidos.

» **Martin Bucero (1491–1551).** Reformador de Estrasburgo, monje dominico influido por Santo Tomás y Erasmo de Rotterdam. Abrazó la fe reformada en 1521, y fue expulsado de la orden. A partir de 1523 fue el líder de la reforma en Estrasburgo. Fue maestro de Calvino y de otros destacados reformadores, en especial, en cuestiones relacionadas con la eclesiología. Realizó una prolífica obra diplomática teológica para acercar las posiciones de las diversas corrientes protestantes.

» **Melchor Hoffman (1495–1545).** Inicialmente seguidor de Lutero, con quien tuvo contacto personal, rompió con la Reforma Oficial en 1530 y se hizo rebautizar uniéndose a los anabautistas. Influido por Thomas Muntzer, predicó contra las imágenes, las diferencias sociales y la liturgia tradicional. Dijo ser portador de un mensaje profético por el que se anunciaba la llegada del Reino sobre la ciudad de Estrasburgo para 1530. Fue encarcelado y torturado para que se retractase de sus enseñanzas, pero se negó y murió en prisión.

» **Miguel Sattler (1490–1527).** Estudió en la Universidad de Friburgo y fue prior del monasterio benedictino de San Pedro en Friburgo. Abandonó el monasterio en 1525, en medio de la revuelta campesina. Probablemente fue bautizado en el núcleo anabautista de Zurich; luego desarrolló una intensa tarea de predicación y organización del movimiento. Fue uno de los promotores y redactores del acuerdo de Schleitheim. Murió en el martirio en 1527.

» **Pilgram Marpeck (1495–1556).** Ingeniero hidráulico, alcalde, juez proveniente de la pequeña burguesía de Rosenhein, Baviera. Se adhirió a la reforma radical en 1528, por lo que perdió todos sus privilegios y cargos. Durante doce años se dedicó a viajar, escribir, debatir y predicar para difundir el evangelio. En 1545 logró radicarse en Augsburgo, donde ejerció su profesión, de la que vivió hasta su muerte.

» **Thomas Muntzer (1488–1525).** Seguidor de Lutero y sus enseñanzas, pronto rompió con éste y se distanció de su teología y sus ideas políticas. Propició una reforma social y se unió a los campesinos en la guerra de 1524–1525, en la que murió. Influido por los místicos alemanes, su teología hacía énfasis en una vida profunda en el espíritu, que permitía ir más allá del texto escrito de las Escrituras.

» **Ulrico Zwinglio (1485–1531).** Reformador suizo, sacerdote y capellán de los ejércitos de los cantones al servicio del papado. Fuertemente influido por el pensamiento de Erasmo de Rotterdam, abrazó una línea reformadora que lo llevó a liderar la Reforma en Zurich no bien fue designado predicador de la Catedral. Falleció en la batalla de Kappel, tratando de extender las ideas reformadas a todos los cantones suizos.

» **Wolfgang Capito (1478–1541).** Formado en medicina, leyes y teología, tuvo contacto a partir de 1512 con los que serían los grandes reformadores alemanes. En Estrasburgo se dedicó a la enseñanza y la predicación, asumiendo una actitud de tolerancia hacia los grupos disidentes. Desarrolló una teología y una espiritualidad enfocada al cultivo de la interioridad y su iluminación.

Apéndice 2

Glosario de palabras y conceptos

» **Clero regular/secular.** En la Iglesia Católica Romana, el clero secular (de *saeculum*, mundo) es el sacerdote que vive en el mundo, es decir, entre el pueblo, y está a cargo de una parroquia. Su autoridad superior es el obispo y sobre éste, el papa. El clero regular (de *regula-regla*) lo forman los sacerdotes o frailes que viven en una comunidad o monasterio. Su superior es el abad o autoridad semejante, que depende del papa.

» **Comunidad de bienes.** En algunas corrientes del anabautismo, se sostuvo que la restitución de la comunidad cristiana original implicaba no sólo la comunión espiritual, sino también la económica. Varios predicadores anabautistas enseñaron la comunidad de bienes, que fue practicada por diversas comunidades, como los hutteritas, y también en diversos eventos y circunstancias de la historia de los movimientos radicales, como el reino de la ciudad de Munster.

» **Contrarreforma.** Recibe ese nombre el movimiento teológico, eclesiástico y espiritual que surgió en el seno de la Iglesia Católica Romana luego de la ruptura que provocó la Reforma. Se inició con el Concilio de Trento, para dar una respuesta a las posiciones protestantes. Si bien tuvo un tono antirreformado y una orientación conservadora, también dio a luz valiosos aportes en el campo de las órdenes religiosas y las formas de piedad.

» **Disputa de las dos espadas.** Recibe ese nombre un debate teológico y político que se desarrolló en la Europa occidental entre el poder de la iglesia y el de los monarcas cristianos, en especial, el Imperio romano germánico. La discusión giraba en torno de cuál de estos dos poderes, el secular encarnado por los príncipes o el espiritual —representado por la iglesia— era superior al otro. El desarrollo del proceso de secularización en la edad moderna puede ser visto como la resolución de esa disputa en favor del estado en detrimento de la iglesia.

» **Gremio**. En la Edad Media se denominaba así a una asociación de artesanos independientes que regulaban la producción, la calidad y el número de artesanos de esa rama en una ciudad.

» **Indulgencias.** Documentos emitidos por el Vaticano que permitían remitir o perdonar pecados. Nacidos probablemente durante las Cruzadas como recompensa al mérito militar en defensa de la fe, durante la Edad Media llegaron a entregarse a cambio de dinero.

» **Las 95 tesis**. Se considera el documento inicial de la Reforma. Lutero las clavó el 31 de octubre de 1517 en la puerta de la parroquia de la Universidad de Witemberg donde enseñaba. Seguía así una costumbre por la cual un profesor podía invitar a debatir un asunto teológico a otros profesores o estudiantes. Las tesis de Lutero giraban en torno a la validez de las indulgencias a la venta en Sajonía en esos días.

» **Libre albedrío**. En la Reforma, se refiere a las corrientes que sostenían que el ser humano, incluso caído, conserva la capacidad de tomar decisiones por sí mismo. Se contraponía a quienes consideraban que los efectos de la caída eran tan devastadores que un acercamiento a Dios solo podía estar ordenado por la voluntad divina en la predestinación.

» **Liga/Declaración de Esmalcalda**. Alianza de príncipes protestantes alemanes reunida en 1530 para enfrentar al emperador Carlos v, de quien eran vasallos, y defender así la Reforma en sus territorios. En 1537, se le encomendó a Martín Lutero y a Felipe Melanchton preparar un documento que resumiera la posición protestante ante un eventual Concilio General.

» **Predestinación.** La predestinación es la posición, en cuanto a la elección divina, que adoptaron diversos reformadores. Con ella sostenían que Dios, en su soberanía, y guiado sólo por su sabiduría, eligió en la eternidad a los que resultarían alcanzados por la salvación.

» **Reforma Magisterial.** Reciben este nombre los diversos procesos reformadores que contaron con el apoyo de los príncipes cristianos o autoridades de las ciudades libres donde se desarrollaron. En esos casos, el proceso reformador estuvo moderado por las necesidades políticas de los estratos gobernantes y generaron un punto de tensión permanente entre las nuevas iglesias nacionales y los gobernantes seculares. Alemania, los cantones suizos y la Reforma en Inglaterra son ejemplos de este tipo de procesos. El principio general fue que la iglesia tenía libertad para practicar todo lo que la Biblia no prohibiera explícitamente. También es denominada "Reforma Oficial".

» **Reforma Radical.** Los historiadores llaman así a los diversos grupos disidentes que se apartaron de la Iglesia Católica Romana, pero que también rompieron con la Reforma Oficial o Magisterial. La enorme diversidad de corrientes que conforman este colectivo ha sido clasificado, a su vez, en el anabautismo, el espiritualismo y el racionalismo evangélico. El ideal de estos movimientos fue lograr que la práctica de la iglesia volviese a la sencillez de la iglesia primitiva. Su principio rector tendió a ser que la iglesia solo podía practicar y enseñar lo que la Biblia mandaba de manera clara y directa.

» **Seguimiento.** Es un concepto clave de la piedad anabaptista. La entendían como la condición y el resultado inmediato y necesario de la adhesión a Cristo y a la fe. Suponía un estilo de vida que reproducía el modo de vida de Jesús de desasimiento del mundo y adhesión a Dios.

» **Simonía.** Acto por el cual una persona compra un privilegio eclesiástico u otro cargo de jerarquía. Su nombre deriva de una narración bíblica (Hch 8.9–24).

» **Nepotismo**. Práctica por la cual una persona otorga a personas de su familia cargos o privilegios que no podrían alcanzarlos por otros medios.

Apéndice 3

Frases de inspiración de los reformadores

Juan Huss

» Ama la verdad, vive la verdad, predica la verdad, defiende la verdad. Porque el que no habla la verdad, traiciona la verdad.

» ¿Voy a estar en Silencio? ¡Dios no lo permita! Ay de mí si me callo. Es mejor morir a que no me oponga a esta impiedad o que me haga participante de la culpa del infierno.

» Con el mayor gozo confirmaré con mi sangre esta verdad que he escrito y predicado.

» Vas a asar un ganso, pero dentro de un siglo te encontrarás con un cisne que no podrás asar.

» Oh, Dios y Señor, ahora el Consejo condena incluso su propia voluntad y su propia ley como una herejía, ya que Tú mismo pusiste tu causa ante Su Padre como el juez justo, como un ejemplo para nosotros, cuando estamos tan oprimidos.

Martín Lutero

» Usted no es solamente responsable de lo que dice, sino también de lo que no dice.

» Hice una alianza con Dios: que Él no me mande visiones, ni sueños, ni siquiera ángeles. Estoy satisfecho con el don de las Escrituras Sagradas, que me dan instrucción abundante y todo lo que preciso conocer tanto para esta vida cuanto para lo que ha de venir.

» Si no se me convence con testimonios bíblicos, o con razones evidentes, y si no se me persuade con los mismos textos que yo he citado, y si no sujetan mi conciencia a la Palabra de Dios, yo no puedo ni quiero retractar nada, por no ser digno de un cristiano hablar contra su conciencia. Heme aquí; no me es dable hacerlo de otro modo. ¡Que Dios me ayude! ¡Amén!

» He tenido muchas cosas en mis manos y las he perdido todas; pero todas las que he puesto en manos de Dios, aún las poseo.

» Les ruego que dejen mi nombre en paz. No se llamen a sí mismos 'luteranos', sino cristianos. ¿Quién es Lutero? Mi doctrina no es mía. Yo no he sido crucificado por nadie… ¿Cómo, pues, me beneficia a mí, una bolsa miserable de polvo y cenizas, dar mi nombre a los hijos de Cristo? Cesen, mis queridos amigos, de aferrarse a estos nombres de partidos y distinciones; fuera todos ellos, y dejen que nos llamemos a nosotros mismos solamente cristianos, según aquel de quien nuestra doctrina viene.

» La oración no es para cambiar los planes de Dios. Es para confiar y descansar en Su soberana voluntad.

» Doy gracias a Dios por mis opositores, pues ellos me han inclinado a buscar más ardientemente a Cristo en las Escrituras.

» Yo predico como si Cristo fuese crucificado ayer, resucitó hoy y fuese a volver mañana.

» La razón humana es como subir un hombre borracho a un caballo; lo subes por un lado, y se cae por el otro.

» Siendo propiedad del Señor Jesucristo a gran precio adquirida, no debemos ser esclavos de Satanás ni de hombre, sino señores verdaderamente libres que no sirven al pecado, sino al Señor Jesús.

» Señor Jesús, tú eres mi justicia, así como yo soy tu pecado. Has tomado sobre Ti todo lo que soy y me has dado y cubierto con todo lo que Tú eres. Tomaste sobre Ti lo que Tú no eres y me diste lo que yo no soy.

» Y mientras yo dormía o bebía la cerveza de Wittenberg junto a mis amigos Philip y Amsdorf, la Palabra debilitaba al papado de forma tan grandiosa que ningún príncipe o emperador consiguió causarles tantas derrotas. Yo nada hice: la Palabra lo hizo todo.

» Nuestro trabajo es llevar el evangelio a los oídos, y Dios lo llevará de los oídos a los corazones.

Juan Calvino

» Hay que recordar que el diablo tiene sus milagros, también.

» Sin conocimiento de uno mismo no hay conocimiento de Dios.

» La mente del hombre es como una tienda de idolatrías y supersticiones.

» La tortura de una mala conciencia es el infierno de un alma viviente.

» Nadie está excluido de pedir a Dios; la puerta de la salvación está abierta para todos los hombres.

» Todas las cosas están a disposición de Dios, y la decisión de la salvación o la muerte perteneciente a él.

» Un perro ladra cuando atacan a su amo. Yo sería un cobarde si atacaran la verdad de Dios y yo permaneciera en silencio.

» No hay un poco de brizna de hierba, no hay color en este mundo que no tenga la intención de hacer que los hombres se regocijen.

» El hombre nunca será debidamente tocado e impresionado con una convicción de su insignificancia hasta que se compare a sí mismo con la majestad de Dios.

» No hay tribunal tan grandioso ni trono tan majestuoso ni muestra de triunfo tan distinguida ni carroza tan elevada, como la cruz en la que Cristo sometió a la muerte y al diablo.

Juan Wycliff

» Gana todo lo que puedas; ahorra todo lo que puedas; da todo lo que puedas.

» Oh, Señor, regenera a tus hijos, empezando por mí.

» Haz todo el bien que puedas por todos los medios que puedas, de todas las maneras que puedas en todos los lugares que puedas, en cualquier tiempo que puedas, a toda la gente que puedas, y tanto como tú puedas.

» Oh, Señor, que no vivamos para ser inútiles.

» La pasión y el prejuicio gobiernan el mundo, pero bajo el nombre de la razón.

» No tengo tiempo para tener prisa.

» Una vez cada siete años quemo todos mis sermones; porque sería una vergüenza si ahora no pudiera escribir mejores sermones de lo que hice hace siete años.

» Denme cien hombres que no temen más que al pecado y no deseen más que a Dios y cambiaré el mundo.

John Knox

» Un hombre con Dios siempre es la mayoría.

» Las Escrituras de Dios son mi único fundamento y su consistencia en todos los asuntos de peso e importancia.

» Vive en Cristo, muere en Cristo, y la carne no tendrá que temer la muerte.

» Que ningún día pase sin tener cierta comodidad recibida de la Palabra de Dios.

Ulrico Zwinglio

» En cuanto a la verdad, no podemos abandonarla, incluso si esto significase la pérdida de nuestras vidas, porque no vivimos para esta generación ni para servir a los príncipes, sino para el Señor.

» Ustedes pueden matar mi cuerpo, pero no pueden matar mi alma.

» Cualquiera que busque o indique otra puerta yerra e incluso es un asesino de las almas y un ladrón.

» Lo que más desagrada a Dios es la hipocresía". Por lo tanto, todo cuanto el hombre haga para aparentar ser mejor que los demás es pura hipocresía y merece ser puesto en entredicho. En esto van incluidos los hábitos o ropajes, los signos (cruces, etcétera) cosidos a la vestimenta, la tonsura, etc.

» Si alguien ha acumulado bienes de fortuna por medios injustos, dichos bienes no deben servir para beneficio de los templos, los conventos, los frailes o las monjas, sino que deben ser destinados a personas indigentes, o sea, necesitadas.

» Así, pues, los cánticos en el templo y el predicar mucho, pero sin devoción y solamente para ganar dinero, son cosas hechas buscando la alabanza de los hombres o por mero afán de lucro.

» Quien permita a la criatura humana perdonar pecados despoja a Dios de su gloria para dársela a lo que no es Dios. Esto es, en el fondo, pura idolatría.

La Reforma
Breve cronología

	1320-1384 ▸	Juan Wycliff
Juan Huss ◂	1369-1415	
	1463 ▸	Nacimiento de Federico el Sabio
Nacimiento de Martín Lutero ◂	1483	
	1507 ▸	Lutero es ordenado monge en Erfut
Enrique VIII Rey de Inglaterra ◂	1509	
	1510 ▸	Lutero visita Roma y ve toda la corrupción
León X es nombrado papa ◂	1513	
	1514 ▸	Nace Juan Knox
Lutero se convierte ◂ leyendo Romanos 1.17	1515	
	1517 ▸	Lutero clava las 95 tesis en las puertas de Wittenberg (31 de octubre)
Carlos V se proclama ◂ emperador del Imperio Romano	1519	
Guerra de los campesinos ◂	1521	▸ Excomunión de Lutero
Primer bautismo anabaptista ◂	1525	▸ Lutero escribe *La cautividad de la voluntad*
Acuerdo anabautista de Schleitheim ◂	1527	
Inglaterra rompe con Roma ◂	1535	▸ Caida de la ciudad de Münster
Primera edición de la ◂ *Institución de la religión cristiana*	1536	▸ Tyndale es quemado en al hoguera
	1543 ▸	Se reúne el concilio de Trento
Muerte de Martín Lutero ◂	1546	
	1553 ▸	Sube al trono de Inglaterra María Tudor "María la sangrienta"
Última edición de la ◂ *Institución de la religión cristiana*	1554	
	1555 ▸	Paz de Ausburgo (*Cuius regio eius religio*)
Muerte de Juan Calvino ◂	1564	
Catalina de Medici instiga ◂ la masacre de San Bartolomé donde mueren 30 000 hugonotes	1572	

REINO DE ESCOCIA
REINO DE INGLATERRA
REINO DE NORUEGA
REINO DE SUECIA
REINO DE DINAMARCA
PAÍSES DE LA ORDEN TEUTÓNICA
PRINCIPADO DE MOSCÚ
OCÉANO ATLÁNTICO NORTE
BRANDENBURGO
POLONIA
PRINCIPADO DE LITUANIA
SACRO IMPERIO ROMANO GERMÁNICO
BORGOÑA
REINO DE FRANCIA
REINO DE HUNGRÍA
SABOYA
GÉNOVA
VENECIA
PRINCIPADO DE VALAQUIA
Mar Negro
NAVARRA
ESTADOS ITALIANOS
ESTADOS PONTIFICIOS
IMPERIO OTOMANO
REINO DE PORTUGAL
CORONA DE CASTILLA
CORONA DE ARAGÓN
GRANADA
Mar Mediterráneo
CRETA
Europa del siglo XVI

Bibliografía

Alesanco Reinares, T.

  2004   *Filosofía de San Agustín. Síntesis de su pensamiento.* Madrid: Augustinus.

Álvarez Caperochipi, J. A.

  2008   *Reforma protestante y Estado moderno.* Granada: Comares, Peligros.

Barraclough, G.

  2012   *El papado en la Edad Media.* Granada: Almed Ediciones.

Bastián, J. P.

  1992   *América Latina 1492–1992. Conquista, resistencia y emancipación.* México: UNAM.

Baubérot, J.

  2013   *Historia del protestantismo.* París: JUS, Presses Universitaires de France.

Bloch, E.

  1960   *Thomas Müntzer, teólogo de la revolución.* Madrid: Ciencia Nueva.

Bonhoeffer, D.

  1995   *El precio de la Gracia. El Seguimiento.* Salamanca: Sígueme.

  1999   *Vida en comunidad.* Salamanca: Sígueme.

  1969   *Sociologia de la iglesia. Sanctorum comunnio.* Salamanca: Sígueme

Burke, P.

  2000   *El Renacimiento europeo.* Barcelona: Crítica.

Busquets, J.

  1986   *Quién era Martín Lutero.* Salamanca: Sígueme.

Calvino, J.

  2003   *Institución de la religion cristiana.* Madrid: Visor.

Caro Baroja, J.

  1985   *Las formas complejas de la vida religiosa (siglos XVI y XVII).* Madrid: SARPE.

Cervantes Ortiz, L.

    2009   *Juan Calvino, su vida y obra a 500 años de su nacimiento*. Barcelona: Clíe.

Collinson, P.

    2004   *La Reforma*. Madrid: Debate.

Colón, C.

    2006   *Los cuatro viajes del almirante y su testamento*. Madrid: Espasa.

Cox, H.

    1985   *La religión en la sociedad secular*. Bilbao: Sal Terrae.

    2011   *El futuro de la fe*. México: Océano.

Daros, D. R.

    2005   *Protestantismo, capitalismo y sociedad moderna en la concepción de Max Weber*. Rosario: UCEL.

Delumeau, J.

    2009   *El caso Lutero*. Barcelona: Noguert y Caralt.

Díaz Ibáñez, J.

    1998   *La organización institucional de la iglesia en la Edad Media*. Madrid: Arco Libros.

Engels, F.

    2009   *La Guerra de los Campesinos en Alemania*. Madrid: Capitán Swing.

Erasmo de Rotterdam

    2000   *Elogio de la locura*. Madrid: Alianza.

Fernandez Armesto, F.

    2010   *1492: el nacimiento de la modernidad*. Madrid: Debate.

Fontana, J.

    2000   *Europa en el espejo*. Barcelona: Crítica.

Forte, B.

    2001   *Dónde va el cristianismo*. Madrid: Palabra.

Fosbery, A. E.

    2011   *La doctrina de la iluminación y el medioevo*. Buenos Aires: Universidad FASTA.

Frank, I. W.

    2016   *Historia de la iglesia medieval*. Barcelona: Herder.

Furcha, E. J.

    1989   *Selected Writings of Hans Denck (1500–1527)*. New York: Mellen Press.

García Holgado, B.

1985   *Europa, siglos xv a xviii. Economía, sociedad e ideología.* Buenos Aires: El Coloquio.

Garín, E.

2012   *El Renacimiento italiano.* Barcelona: Ariel.

Garrigou-Lagrange, R.

1946   *La síntesis tomista.* Madrid: Desclée de Brouwer.

Gastaldi, U.

1972   *Storia dell anabattismo. Dalle origine a Münster (1525–1535).* Torino: Claudiana.

1981   *Storia dell anabattismo. Da Münster (1535) ai giorni nostri.* Torino: Claudiana.

Gauchet, M.

2005   *El desencantamiento del mundo. Una historia politica de la religión.* Madrid: Trotta.

Gilson, E.

1951   *El tomismo. Introduccion a la filosofía de Santo Tomás.* Madrid: Desclée de Brouwer.

González, J. L.

2003   *Historia de la Reforma. Historia del cristianismo.* Tomo ii. Maiami: UNILIT.

2006   *Historia del pensamiento cristiano.* Tomo iii. Maiami: CARIBE.

2010   *Diccionario Manual Teológico.* Barcelona: Clíe.

Gounelle, A.

2008   *Los grandes principios del protestantismo.* Madrid: Cajica.

Hageman, H. G.

2006   *Nuestra iglesia reformada.* Michigan: Reformed Church Press.

Hoover, P.

1981   *El secreto de la fuerza del anabapatismo.* Bogotá: Claridad.

Kasper, W.

2014   *Caminos hacia la unidad de los cristianos. Escritos de ecumenismo.* Bilbao: Sal Terrae.

Kasper, W.

2016   *Martín Lutero. Una perspectiva ecuménica.* Bilbao: Sal Terrae.

Koenigsberger, H. G.

1969   *La práctica del Imperio.* Madrid: Alianza.

Krüger, R. y D. Beros.
  2006   *Ulrico Zuinglio, una antología*. Buenos Aires: La Aurora-ISEDET.

Latourette, K. S.
  1959   *Historia del cristianismo* II. El Paso, Texas: Casa Bautista de
          Publicaciones.

Horsch, J. y H. S. Bender
  1978   *Menno Simons, su vida y sus escritos*. Bogotá: Claridad.

Küng, H.
  1995   *Grandes pensadores cristianos. Una pequeña introducción a la
          teología*. Madrid: Biblos.
  2002   *La Iglesia Católica*. Madrid: Mondadori.

Lenzenweger, J. y otros.
  1989   *Historia de la Iglesia Católica*. Barcelona: Herder.

Leonard, E. G.
  1967   *Historia general del protestantismo*. Madrid: Península.

Libera, A.
  2000   *Pensar en la Edad Media*. Buenos Aires: Antrophos.

López, T. E.
  1992   *Las reformas protestantes*. Madrid: Síntesis.

Lutero, M.
  1972   *Obras completas*. Buenos Aires: Paidós.

Maquiavelo, N.
  2004   *El príncipe*. Madrid: Alianza.

Maritain, J.
  1984   *Tres reformadores: Lutero, Descartes y Rousseau*.
          Madrid: Encuentro.

Merlino, M.
  1978   *El medievo cristiano*. Madrid: Altalena.

Mehl, R.
  1969   *Teología protestante*. Madrid: Taurus.

Miege, M.
  2017   *Martín Lutero, la Reforma protestante y el nacimiento de las
          sociedades modernas*. Barcelona: Clíe.

Mitre Fernández, E.
  1995   *Iglesia y vida religiosa en la Edad Media*. Madrid: Istmo.

Moriones, F.

2004   *Teología de San Agustín.* Salamanca: BAC.

Müntzer, T.

2001   *Tratados y sermones.* Madrid: Trotta.

Neill, S.

1978   *El anglicanismo.* Londres: Penguin Books.

Nohl, F.

2005   *Lutero: Biografía de un reformador.* Madrid: Pub House.

Pikaza, X.

2009   *Diccionario de las tres religiones. Judaísmo, cristianismo, islam.* Navarra: Verbo Divino.

2012   *Diccionario de pensadores cristianos.* Navarra: Verbo Divino.

Rozitchener, L.

1997   *La cosa y la cruz. Cristianismo y capitalismo en torno a las Confesiones de San Agustín.* Buenos Aires: Losada.

Scott, T.

1991   *The German Peasants´ War. A History in documents.* London: Humanity Books.

Segundo, J. L.

1989   *El dogma que libera. Fe, revelación y magisterio dogmático.* Bilbao: Sal Terrae.

Suarez, J. C.

2010   *Reforma protestante y libertades en Europa.* Madrid: Dikinson.

Svensson, M.

2016   *Reforma protestante y tradición intelectual cristiana.* Barcelona: Clíe.

Valla, L. y otros

2007   *Humanismo y Renacimiento.* Madrid: Alianza.

Várnagy, T.

1999   *La filosofía política clásica. De la Antigüedad al Renacimiento.* México: CLACSO.

Von Ranke, L.

2004   *Historia de los papas en la época moderna.* México: Fondo de Cultura Económica.

Weber, M.

2012   *La ética protestante y el espíritu del capitalismo.* Madrid: Alianza.

Williams, E.

2011   *Capitalismo y esclavitud*. Madrid: Traficantes de sueños.

Williams, G. H.

1983   *La Reforma Radical*. México: Fondo de Cultura Económica.

Yoder, J. H.

1976   *Textos escogidos de la Reforma Radical*. Buenos Aires: Aurora.

Zalama, M. A.

2016   *El Renacimiento*. Madrid: Cátedra.

www.ingramcontent.com/pod-product-compliance
Lightning Source LLC
LaVergne TN
LVHW011006200726
843509LV00011B/1011

* 9 7 8 6 1 2 4 2 5 2 2 2 8 *